과학적 골프로 **90타, 80타의
벽을 깨는 방법**

"GOLF WA KAGAKU DE UMAKUNARU" by LIFE EXPERT
Copyright © KAWADE SHOBO SHINSHA Ltd. Publishers 2014
All rights reserved.
Original Japanese edition published by KAWADE SHOBO SHINSHA Ltd.
Publishers, Tokyo.
This Korean edition is published by arrangement with KAWADE SHOBO SHINSHA
Ltd. Publishers, Tokyo in care of Tuttle-Mori Agency, Inc., Tokyo through ENTERS
KOREA CO., LTD., Seoul.

이 책의 한국어판 저작권은 (주)엔터스코리아를 통해 저작권자와 독점 계약한
집사재에 있습니다. 저작권법에 의하여 한국 내에서 보호를 받는 저작물이므로
무단전재와 무단복제를 금합니다.

# 과학적 골프로 90타, 80타의 벽을 깨는 방법

라이프 엑스퍼트 지음
윤광섭 옮김

집사재

## 과학적 골프로 90타, 80타의
## 벽을 깨는 방법

초판 1쇄 인쇄 | 2016년 7월 20일
초판 2쇄 발행 | 2017년 4월 10일

지은이 | 라이프 엑스퍼트
옮긴이 | 윤광섭
발행인 | 최화숙
편  집 | 유창언
발행처 | 집사재

출판등록 | 1994년 6월 9일
등록번호 | 1994-000059호

주소 | 서울시 마포구 서교동 377-13 성은빌딩 301호
전화 | 335-7353~4
팩스 | 325-4305
e-mail | pub95@hanmail.net / pub95@naver.com

ISBN 978-89-5775-173-2 13690
값 13,000원

* 파본은 본사나 구입하신 서점에서 교환해 드립니다.

| 추천사 |
# 골프는 과학이다

　작년 가을에 우리 회사의 K이사와 라운드했다. 그는 골프에 입문한 지 10년이나 되는 40대 후반의 골퍼로 100을 넘나드는 골퍼였다. 그의 티샷은 짧은 거리를 낮게 날다가 왼쪽으로 꼬부라지는 현상이 일관되게 일어났다. 그의 드라이버를 보니 9.5도 각도의 샤프트였다. 나는 그에게 드라이버를 당장 바꾸라고 했다. 최소한 10.5도 이상의 로프트에 R샤프트가 좋다고 조언했다.
　얼마 전에 그와 오랜만에 다시 라운드할 기회가 생겼는데, 그가 새로 바꾼 드라이버를 보여 주며 "사장님 말씀대로 10.5도에 R샤프트의 클럽으로 바꿨습니다"라고 신고했다. 그날 그의 티샷은 과거보다 볼이 높이 떠서 체공 시간이 길어졌고, 방향도 똑바로 날기 시작했다. 아무 생각 없이 주변에서 권한대로 클럽을 장만한 것이 지난 10년간 그의 골프를 고단하게 만든 것이었다. 나는 "More back spin, less side spin"의 원리와 골프의 과학에 대하여 설명해주었다.

이 책은 아마추어골퍼들이 과학적 골프를 하면 90타, 80타를 어렵지 않게 넘을 수 있다고 한다. 한마디로 골퍼들이 조금만 알아도 매우 유용하고 실력을 기르는 데 큰 도움이 되는 내용들이다.

그러나 유감스럽게도 골프의 과학적 원리를 자신 있게 소개해 줄 전문가는 주변에서 찾기 어렵다. 그래서 많은 골퍼들이 잘못 들은 정보의 실수에서 헤어나지 못하는 게 현실이다. 이 책이 그런 잘못된 부분들을 바로잡는 역할을 할 수 있다는 생각이다.

골퍼들이 꼭 한번쯤 읽었으면 좋겠다. 유익한 과학적 원리를 아주 쉽게 풀어 이해하기 좋고, 쉽게 상급자로 발전시킬 최고의 매뉴얼이다. 나는 이 책을 자주 사서 골프 후학들에게 선물할 생각이다. 그들이 이 책을 가까이 두고 정독하며, 또 여러 번 다시 읽어 그 과학적 비결을 터득하여 더욱 행복하고 만족스러운 골프를 누리게 해 주고 싶기 때문이다. 진작에 출판이 되었다면 참 좋았겠지만, 지금이라도 이 책이 나오게 된 것을 감사하게 생각하며 모든 골퍼들이 꼭 한 번 정독하길 권한다.

김덕상 (사)한국골프칼럼니스트협회 명예이사장

| 머리말 |
# '이치'를 알게 되면 골프가 어느 날 갑자기 잘 되게 된다

- 드라이버를 10야드 더 멀리 보내고 싶어
- 한 라운드의 퍼트 수를 30개 이하로 줄이고 싶어
- 힘들이지 않고 물 흐르듯 유연한 스윙을 하고 싶어
- 프레셔(심리적 압박)에 강한 골퍼가 되고 싶어

골퍼라면 누구나 이런 꿈을 가지고 있으며 또 이런 꿈을 실현시키려고 부지런히 연습장에 다니고 골프 잡지나 레슨 책을 읽으며 '이번 라운드에서는 꼭'이란 기대를 하며 코스로 향한다.

그러나 자신의 기대에 매번 못 미치는 것이 골프이다. 그럴 때마다 자신의 실력이 미숙하고 정신력이 너무 약하다는 사실을 실감하며 집으로 돌아오게 되는 것이 대부분의 골프이다.

왜 자신이 원하는 스윙이나 퍼팅이 되지 않는 것일까? 왜 당신은 베스트 스코어가 나올 듯 잘 치고 있던 라운드에서 더블 보기를 범하고 마는 것일까?

그것은 당신의 기술이 모자라서도, 정신력이 약해서도 아니다.

당신이 골프 볼을 똑바로 날리는 메카니즘이나 스윙 시 신체의 올바른 움직임과 프레셔에 노출되었을 때 심리학적으로 어떻게 대처해야 하는지 잘 모르기 때문이다.

골프라는 스포츠는 '멈추어 있는 볼을 치는 정적인 스포츠'인 만큼 보통의 운동신경을 갖춘 사람이면 가능한 지극히 간단한 논리의 운동이다.

그렇지만 '휘어지지 않고 멀리 날아가는 볼'을 구사하기 위해서는 스윙 시 근육이나 관절 등 신체의 각 부분에 작용되는 운동의 법칙과 자신에게 맞는 클럽을 선택하기 위한 여러 가지 조건 등의 이해가 없으면 곤란하다. 또한 퍼팅을 할 때도 볼에 힘을 가하는 법(터치)과 볼을 굴리는 법, 라인을 읽는 법 등도 일정한 법칙이 있다. 이 모든 골프에 깃들어 있는 법칙은 물리학적 논리에 의해 설명할 수 있다.

또 물리학적으로 '이치에 맞는 스윙'을 하기 위해서는 근육이나 관절 등 신체의 각 부분이 올바르게 운동하지 않으면 안 되나, 이것 또한 사람의 신체 구조나 운동생리학에 대한 이해가 있으면 신체에 과다한 부담을 주지 않고 지금 당신이 가지고 있는 힘을 100% 볼에 전달할 수 있다.

골프의 스윙이란 것은 연습과 실전경험에 의해 조금씩 완성되어 가는 것이지만 처음부터 클럽과 신체의 움직임에 관한 메카니즘을 알고 있으면 스윙을 마스터하는 시간은 좀 더 빨라질 수 있다.

또한 최신의 스포츠 심리학의 지식을 활용하면 심리적 압박의 극복법도 알 수 있게 된다. 눈 앞에 연못이 있는 데도 '연못이 없다고 생각하라'는 말은 애초부터 무리한 이야기이다.

골프는 지극히 과학적인 스포츠여서 보통 이상의 신체능력과 강한 정신력이 없더라도 물리학이나 운동생리학, 스포츠심리학 등의 지식이 있으면 빨리 능숙해질 수 있다.

물론 '싱글이 되기 위해서는 트럭 1대 분의 볼을 치지 않으면 안 된다'는 말은 거짓이 아니다. 왜냐하면 그 정도의 볼을 치게 되면 그 골퍼는 자연히 하나의 스윙 폼이 몸에 만들어져 그런대로 안정된 볼을 칠 수 있게 되기 때문이다.

다만 그렇게 되기 위해서는 엄청난 시간과 돈, 인내력이 필요할 뿐만 아니라 이런 마구잡이식 노력에 의해 만들어진 스윙이 군더더기 없이 아름다운 스윙이 되리란 보장도 없다. 반면에 이치에 맞는 과학적인 스윙은 누가 봐도 아름답다.

시간과 돈의 낭비없이 골프를 잘 치고 싶은 사람은 이 책을 한 번 읽어 보기 바란다. 당신이 알지 못했던 부분을 "아!" 하고 이해하는 것으로도 당신의 핸디가 하나 줄어드는 효과가 있다고 자부한다.

또한 먼저 골프를 친 사람으로서, 직장의 상사로서, 인생의 선배로서 이제 후배들이 갓 골프채를 잡기 시작하였다면 당신이 걸어왔던 시행착오의 어정쩡한 길을 그들이 그대로 걷게 내버려 두지 말고, 따뜻하게 밥 한 끼 하면서 이 책의 내용 하나라도 논리있게 조언해 준다면 아마도 당신은 실력을 인정받는 그리고 존경받기에 손색없는 상사나 선배가 될 수 있을 것이라 생각한다.

라이프 엑스퍼트

| 차례 |

추천사  5
머리말  7

1장  좀 더 똑바로, 보다 더 멀리 보내는
    **거리의 과학**  15
    헤드스피드가 느린 여자프로가 당신보다 볼을 멀리 보내는 이유  17
    볼의 초속은 빠른데 거리가 나지 않는 사람은 왜?  20
    클럽의 힘으로 헤드스피드를 올리는 방법  25
    도대체 '볼은 왜 휘는가'를 이해하자  28
    드라이버 중심에 맞추지 못했는데도 거리가 나는 이유  32
    날씨와 기압은 어느 정도 비거리에 영향을 주나  35
    앞바람과 뒤바람의 비거리는 얼마나 차이가 날까  38
    뒤바람인데도 거리가 나지 않는 이유  41
    비는 비거리에 어느 정도 영향을 주는가  44
    '멀리 보내는 볼'과 '세우는 볼'은 어디가 다른가  47
    프로의 아이언이 그렇게 거리가 많이 나는 이유  50

## 2장  무리없이 스윙하는
### 신체의 과학 53

숙달의 지름길은 '정확한 몸의 사용법'을 이해하는 것   55
어드레스 시에는 복부 주변의 근육에 힘을 준다   58
테이크백은 팔이 아닌 복근, 배근으로   63
백스윙은 어깨가 아닌 가슴을 우측으로 돌린다   68
다운스윙 시 이상적인 '타이밍 메카니즘'를 만드는 법   71
임팩트부터 팔로우 시의 '맞당기기'란   74
피니쉬는 이상적인 'I자형'을 취한다   77
스윙의 기본은 왜 하반신인가   80
고관절의 유연성이 중요함을 이해하자   85
그립은 어떻게 쥘 것인가   88
골프가 잘 되게 하는 '걷기 방법'은   91
간단하게 할 수 있는 골프 트레이닝   94
골퍼의 요통은 과연 숙명인가   98
연습할 때 '왼손으로 쳐 보기'를 권하는 이유   102
근육을 단련하면 골프가 잘 되는 것일까   105
'기분 좋은 스윙'을 몸에 익히기 위해서는   108

## 3장  이번만은 절대 무너지지 않는
### 멘탈의 과학 111

프레셔가 미스샷을 부르는 3가지 이유   113
감정의 기복없이 18홀을 돌 수 있을까   117
'죽어라 하고 노리면' 집중력이 올라간다   120
미스샷의 연발을 부르는 심리적 이유   123
샷하기 전의 혼잣말은 이런 것이 효과적   126

자신에게 하는 '원 포인트 레슨'   129
라운드 중 스윙에 대해 생각하면 안 되는 이유   132
슬럼프를 어떻게 생각하면 좋을까   135
지하철이나 잠자리에서 가능한 '골프의 뇌 운동'   139
텔레비전을 보면서 골프를 숙달하는 방법   144
아마추어도 '극치의 경지'에 들어가는 것이 가능하다   149

4장   라인을 정확히 읽고 보내는
**퍼트의 과학**   153

'퍼터의 중심으로 친다'는 것의 진정한 의미   155
퍼팅 스트로크의 바른 궤도는   158
'아까운 퍼트'가 사실은 아깝지 않은 이유   161
미스 퍼트가 되는 4가지 원인   164
세게 칠 것인가 살짝 밀 것인가   167
같은 라인에서 친 퍼트를 참고하는 방법   170
'홀컵 근처의 경사는 세밀히 본다'는 것이 사실인가   175
에스(S) 라인은 어디를 노려야 하나   178
'우로 꺾일까, 좌로 꺾일까'를 아는 방법   181
'넣지 못하더라도 프로답게'라고 말하는 이유   184
'똑바로 50cm'만 치면 된다   187
눈의 위치가 나쁘면 퍼트가 들어가지 않는 이유   190
'오르내리막의 거리감'을 잡는 숨은 비법   193
거리를 착각하게 하는 '시각의 함정'   196
미묘한 터치를 내는 연습 스윙의 요령   199
'2배의 거리는 2배의 스윙 폭'으로 치는 것은 잘못   202

5장  좋은 기분을 유지해 주는
   **도구의 과학** 205
   클럽 선택 시 왜 '무게'가 가장 중요한가  207
   긴 드라이버가 왜 가벼운가  210
   '스윙 웨이트'를 클럽 선택 시 이용하자  213
   '스윙 웨이트'를 간단하게 조정하는 방법  216
   로프트 각 13도의 드라이버를 좀처럼 볼 수 없는 이유  219
   키가 큰 사람과 작은 사람, 같은 길이의 아이언으로 괜찮은가  223
   라이 각이 맞지 않으면 어드레스가 잘못된다  226
   라이 각이 맞지 않으면 똑바로 날아가지 않는 이유  231
   라이 각의 셀프체크법과 조정 방법  234
   샤프트의 무게는 어떤 것을 고를 것인가  237
   샤프트의 '킥 포인트'를 어떻게 활용할 것인가  242
   샤프트 선택 시 '토크'란 무엇인가  246
   헤드스피드만으로는 샤프트를 고를 수 없다  249
   '관성 모멘트'는 무엇인가  252


옮긴이 후기  255

# 1장

## 좀 더 똑바로, 보다 더 멀리 보내는
# 거리의 과학

클럽과 볼의 움직임을
알게 하는
**멋진 스윙의 물리학**

# 헤드스피드가 느린 여자프로가
# 당신보다 볼을 멀리 보내는 이유

〈 미트율의 중요성 〉

여자 프로골퍼의 평균 비거리는 240야드 정도이다. 그녀들의 헤드스피드는 일반 남자들과 같은 40m/s 정도인데 왜 그녀들이 더 멀리 칠 수 있는 걸까?

뉴톤의 운동에너지 법칙이란 것을 알고 있을 것이다.

운동에너지 = 1/2 × 질량 × 속도$^2$

이란 것으로, 이것을 골프의 스윙에 적용해 보면 볼의 비거리는 헤드의 무게(질량)와 헤드스피드(속도)로 결정된다는 것을 알 수 있다.

드라이버 헤드의 무게는 여자프로가 사용하는 것과 일반 남자가 사용하는 것이 별반 차이가 없다. 그렇다면 헤드스피드가 같은 여자프로와 남자 아마추어의 비거리가 같지 않으면 안 되는데 그렇지 않은 것은 남자 아마추어의 미트율이 낮기 때문이다.

미트율은 '볼의 초속÷헤드스피드'로 정하여진다. 한마디로 말하면 헤드스피드를 어느 정도 떨어뜨리지 않고 볼에 힘을 전할 수 있는가를 나타내는 지표로, 예를 들면 헤드스피드가 40m/s이고 볼의 초속이 60m/s라면 미트율은 1.5가 되는 것이다.

어떻게 하면 미트율이 좋아지는가는 얼마만큼 정확히 클럽 헤드의 중심으로 볼을 치는가에 달려 있다.

요즈음의 골프클럽과 볼은 이론적으로 최대 1.6의 미트율이 나오도록 설계되어 있다. 실제로는 프로골퍼의 미트율은 1.4~1.5인 반면에 일반 아마추어골퍼는 1.2~1.3인 것이 일반적이다.

이 차이가 비거리에 어떻게 영향을 주는 것일까?

비거리(야드)는 볼의 초속의 4배라고 알려져 있다.

즉, 여자프로의 미트율이 1.5, A씨의 미트율이 1.3이라 한다면 두

▶ 미트율의 중요성

- 미트율 = 볼의 초속 ÷ 헤드스피드
- 비거리 = 볼의 초속 × 4

|  | 여자프로 | A씨 |
| --- | --- | --- |
| 미트율 | 1.5 | 1.3 |
| 헤드스피드 | 40m/s | 43m/s |
| 볼의 초속 | 60m/s | 55.9m/s |
| 비거리 | 240y | 223y |

헤드스피드가 빨라도 미트율이 나쁘면 비거리는 떨어진다.

사람의 볼의 초속은 여자프로가 60m/s, A씨가 55.9m/s가 되어 두 사람의 비거리는 여자프로가 240야드, A씨가 223야드로 실제의 비거리와 거의 같게 되는 것을 알 수가 있다.

아무리 헤드스피드가 빨라도 미트율이 나쁘면, 즉 볼을 헤드의 중심으로 정확히 가격하지 못하면 생각보다 볼은 날아가지 못한다.

미트율을 올리기 위해서는 스윙궤도가 바르지 않으면 안 된다. '어쩌다 한방'이 아닌 평균 비거리를 올리기 위해서는 언제나 같은 스윙이어야 하는 것은 말할 필요도 없다.

# 볼의 초속은 빠른데
# 거리가 나지 않는 사람은 왜?

〈 거리의 3요소 〉

　클럽 설계가들 사이에 '거리의 3요소'라고 불리는 것이 있다. '볼의 초속, 날아가는 각도, 스핀양'이란 것인데 이 3가지가 최적의 수치를 나타낼 때 그 골퍼의 최대 비거리가 나온다.
　'볼의 초속'에 관해서는 앞 장에서 서술하였기 때문에 여기서는 나머지 2가지에 관해서 설명하기로 하자.
　'날아가는 각도(비구각)'는 볼이 가격되어 날아가기 시작할 때의 탄도와 지면의 사이에 생기는 각도이다.
　이론적으로 말하면 만일 공기가 없다면 45도의 각도로 날기 시작한 볼이 가장 멀리 나는 것이나 실제로 지구에는 공기가 있고 뒤에 설명하는 바와 같이 볼을 멀리 보내기 위해서는 적당한 스핀이 필요하다. 이러한 것들을 종합하면 드라이버의 이상적인 비구각은 13~18도가 된다고 한다.

실제 미국 PGA의 남자프로들의 평균적인 비구각도는 13~15도이고 여자프로는 16~18도이다. 아마추어와 비교하면 상당히 낮지만 프로의 볼은 낮게 나는 도중에 2단 로켓처럼 치솟아 올라 거리가 난다.

비구각도를 결정하는 것은 기본적으로 클럽 로프트*와 스윙궤도(어퍼인지 다운블로우인지)에 달려 있다. 최신 골프 과학에 의하면 높은 비구각과 약한 스핀이 거리를 내는 조건이며 비구각은 로프트 각에 2~4도 플러스한 것이 최적이라고 알려져 있다.

그렇지만 헤드스피드가 40m/s 전후의 일반적인 아마추어골퍼의

▶ **볼을 멀리 보내는 데 이상적인 '날아가는 각도'는?**
 **(아마추어에게 최적인 '날아가는 각도'는)**

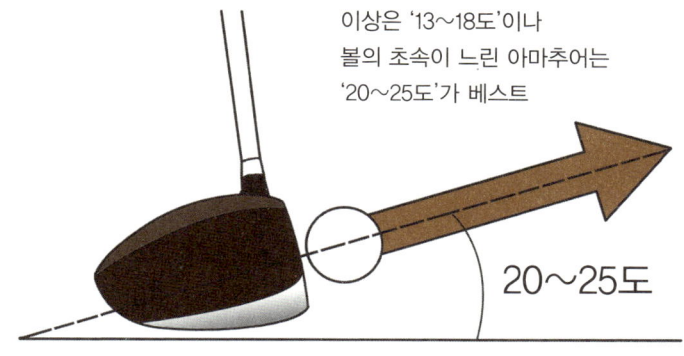

* 로프트(loft) 골프채에 공이 닿는 면의 각도

경우에는 그렇다고 할 수가 없다. 볼의 초속이 프로보다 느리기 때문에 비구각도가 낮으면 2단 로켓이 점화되기 전에 볼의 속도가 줄어 낙하하고 말기 때문이다. 그래서 일반적인 아마추어의 경우 드라이버의 최적 로프트 각도는 11~14도, 비구각도는 20~25도 정도가 베스트라고 할 수 있다.

그러면 왜 시판되고 있는 드라이버는 8~10도인 것이 많은 것일까? 실제라면 아마추어로서는 사용할 수 없을 터인데 사실은 여기에 거짓이 있다.

시판되고 있는 드라이버의 로프트 표시는 꽤 '과장'되어 있는데, 예를 들어 로프트 각도가 9.5도라고 표시되어 있어도 실제 로프트는 11도 이상 되는 것이 거의 전부이다.

이것은 제조업체 측이 아마추어의 '허세'를 만족시키기 위한 전략이다. 골퍼들 사이에서는 왜인지 모르게 로프트 각이 작은 드라이버를 사용할수록 골프를 잘 친다고 생각하지만 실제로 볼은 멀리 날지 못한다. 거리가 나지 않는 사람은 하찮은 허세는 버리고 로프트 각이 큰 드라이버를 사용할 것을 적극 권한다.

### 비거리 손실없이 '스핀'을 거는 방법은

마지막으로 '스핀양'이다.

공중으로 날기 시작한 볼은 백스핀이 걸려져 있다. 이것은 임팩트 순간 찌그러진 볼을 요철이 있는 클럽 페이스 면이 밑에서 들어 올리듯 가격할 때 생기게 된다. 백스핀은 양력을 생성하는 근원으로서 볼이 날아가기 위해서 없어서는 안 되는 것이지만 스핀양이 지나치게 많아지면 볼이 너무 높이 올라 거리가 나지 않게 된다.

또한 사이드스핀이 걸리게 되면 볼은 좌우로 휘게 되어 이것 또한

▶ **높은 로프트, 낮은 로프트의 폐해**

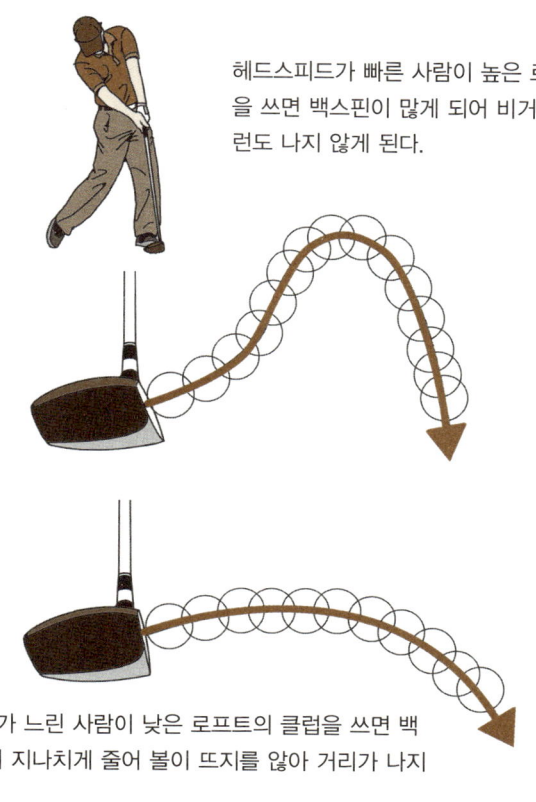

헤드스피드가 빠른 사람이 높은 로프트의 클럽을 쓰면 백스핀이 많게 되어 비거리도 런도 나지 않게 된다.

헤드스피드가 느린 사람이 낮은 로프트의 클럽을 쓰면 백스핀의 양이 지나치게 줄어 볼이 뜨지를 않아 거리가 나지 않게 된다.

비거리 감소의 원인이 된다.

적정한 백스핀양은 헤드스피드가 40m/s의 골퍼인 경우 2500r/s(회전/분), 45m/s의 골퍼는 2800r/s 전후라고 한다.

헤드스피드가 느린 골퍼가 낮은 로프트의 클럽을 사용하면 백스핀의 양이 지나치게 줄어 볼이 뜨지를 않아 비거리가 떨어지게 된다. 반대로 헤드스피드가 빠른 골퍼가 높은 로프트의 클럽을 사용하면 백스핀양이 많아지게 되어 비거리와 런이 줄어들게 되는 경우가 많으므로 주의해야 한다.

클럽의 궤도로는 드라이버의 경우 어퍼 궤도가 기본이다.

드라이버는 볼을 좌측에 두며 더구나 티에 올려놓고 가격하기 때문에 필연적으로 임팩트는 클럽 헤드가 최저점을 통과하고 난 뒤가 된다.

다시 말해 어퍼 궤도가 되는 것이 자연스러우며 일부러 의식할 필요가 없지만 슬라이스로 고민하는 골퍼 중에는 페이스가 열리는 것이 두려워 다운블로우의 기분으로 스윙해 버리고 마는 경우도 있는데 이것은 오히려 백스핀양을 늘려 거리가 나지 않게 한다.

# 클럽의 힘으로 헤드스피드를
# 올리는 방법

〈 비거리에 숨어 있는 거짓 〉

클럽의 힘을 빌려 헤드스피드를 올리는 방법을 생각해 보자.

하나는 클럽(드라이버)의 샤프트를 길게 하는 방법이다. 클럽의 샤프트가 길어지면 스윙아크가 커지고 그만큼 원심력도 커져 헤드스피드도 빨라지는 이치이다.

그렇지만 샤프트가 길어지면 타이밍을 잡기가 어려워져 오히려 미트율이 낮아지기도 하며 혹은 공기저항이 커져 정작 헤드스피드가 떨어지는 일도 있다.

다음은 가벼운 클럽을 사용해 보는 방법이다. 최근 상급자용 드라이버는 헤드가 200g, 샤프트가 70g, 그립이 50g으로 합이 320g 전후의 것이 많다.

이것을 헤드가 10g, 샤프트가 10g, 합 20g이 가벼운 것으로 바꾸면 확실히 헤드스피드는 빨라진다.

그러나 헤드스피드가 빨라지는 것도 처음뿐이고 점점 몸이 클럽의 가벼움에 익숙해지면 차츰 헤드스피드가 원래로 돌아가 버리는 경우가 많다. 이것뿐만이 아니고 가벼운 클럽을 휘두르고 있는 동안 자신도 모르게 팔만 쓰게 되어 스윙 자체가 이상해져 버리는 경우도 있다.

옛날부터 클럽은 '휘두를 수 있는 범위 내에서 가장 무거운 것'이 베스트라고 알려져 왔다. 앞에서 소개한 운동에너지 법칙에 의하면

▶ 헤드스피드를 올리기 위해서는

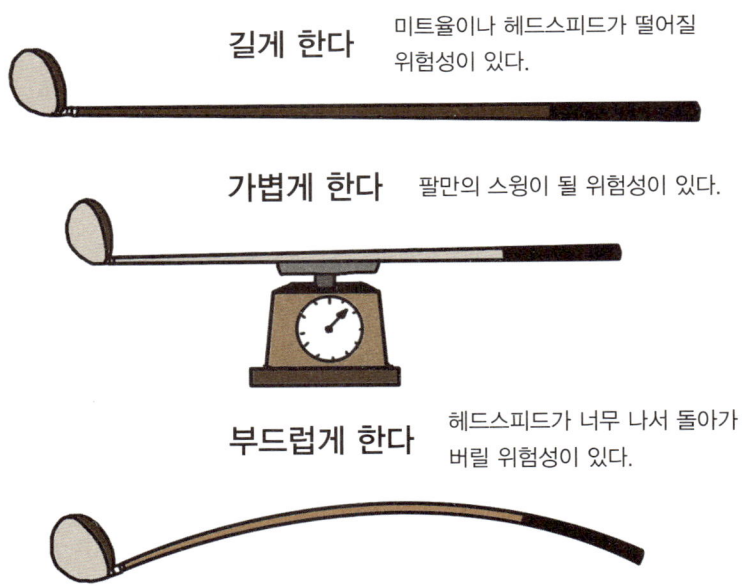

운동에너지(비거리)는 질량(헤드의 무게)에 비례한다. 그러므로 18홀을 전부 일관성있게 스윙할 체력이 없을 때, 즉 나이가 든 후에 가벼운 클럽으로 바꾸는 것도 나쁘지 않다.

마지막으로 부드러운 샤프트를 사용하는 방법이 있다. 골프의 스윙은 드라이버가 되었든 아이언이 되었든 반드시 임팩트 직전에 샤프트가 휘어지고 휘어진 샤프트가 원상태로 돌아가려는 힘을 이용해 헤드스피드를 올리는 원리로 되어 있다.

부드러운 샤프트는 이 '휘었다 돌아가는 힘'이 강하기 때문에 그 부분만큼 헤드스피드가 증가하게 된다. 다만 지금까지 딱딱한 샤프트를 사용했던 사람은 아마도 타이밍을 잡기가 어려울지도 모른다. 헤드의 속도가 너무 지나쳐 버려 미스샷이 나올 수 있기 때문이다.

부드러운 샤프트는 힘이 약한 여성이나 고령자용인데 간혹 남자 프로골퍼 가운데 힘에 의지하지 않는 스윙이나 타이밍의 중요성을 체험하기 위해 아예 부드러운 샤프트의 클럽으로 연습하는 골퍼도 있다.

# 도대체 '볼은 왜 휘는가'를 이해하자

〈 구질을 결정하는 것 〉

**볼의 구질은 어떻게 결정되는 것일까?**

어떤 스윙이든 날아가는 볼의 구질은,

1. 임팩트 시의 헤드의 궤도
2. 임팩트 시의 헤드의 방향
3. 임팩트 시의 타점

이란 3가지의 요소로 결정된다.

'헤드의 궤도'는 스트레이트, 아웃사이드-인, 인사이드-아웃의 3종류가 있으며 이 경우 똑바로 날아가는 것은 스트레이트의 경우뿐이다. 아웃사이드-인은 소위 컷트 타법이라고 불리는 사이드 스핀이 걸려 슬라이스가 되고 인사이드-아웃은 반대방향의 사이드 스핀이 걸려 훅이 된다.

'헤드의 방향'은 스퀘어, 오픈, 클로즈의 3종류가 있으며 이 경우도 스퀘어 이외에는 사이드 스핀이 걸려 슬라이스나 훅이 나기 쉽다.

'타점'은 센터, 힐 부분, 토우 부분의 3종류가 있으며 역시 센터 이외에는 사이드 스핀이 걸려 슬라이스나 훅이 나기 쉽다.

### '마지막까지 똑바로'의 볼이 되기 위한 조건

실제로는 이 3가지의 요소가 복잡하게 연결되어 구질이 결정된다. 비구의 방향(볼이 날아가는 방향)을 결정하는 기본은 헤드의 궤도이지만 이것에 어떠한 사이드 스핀이 걸리는가에 의해 볼은 좌우 어느 쪽으로 휘어진다.

예를 들어 헤드 궤도가 스트레이트이더라도 임팩트 시 헤드의 방향이 오픈이라면 비구의 방향은 똑바로 되어도 마지막에는 우측으로 휘어진다. 혹은 헤드의 궤도가 아웃사이드-인인데 타점이 토우 부분인 경우에는 볼이 좌측으로 날아가기 시작해도 도중에 더욱 좌측으로 휘어지는 볼이 된다.

구질은 볼의 높낮이를 별도로 하면 결국 '똑바로 나가 끝까지 똑바로' '똑바로 나가 우로 휘어지기' '똑바로 나가 좌로 휘어지기' '우로 나가 더욱 우로' '우로 나가 그대로 똑바로' '우로 나가 좌로 휘어지기' '좌로 나가 더욱 좌로 휘어지기' '좌로 나가 그대로 똑바로' '좌로 나가 우로 휘어지기'의 9종류 밖에 없으며 이것은 앞 3요소의 연결조합에 의한 결과이다.

이렇게 보면 '마지막까지 똑바로'인 볼은 '헤드의 궤도가 스트레이

▶ 타구가 휘게 되는 3가지 요소

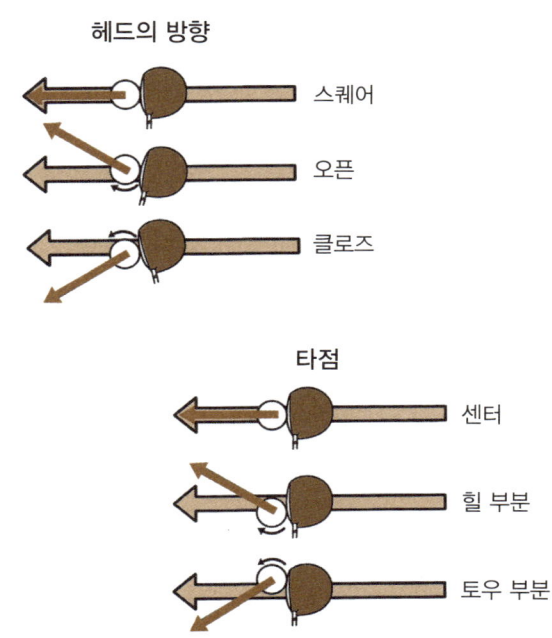

▶ **구질은 이 9가지**

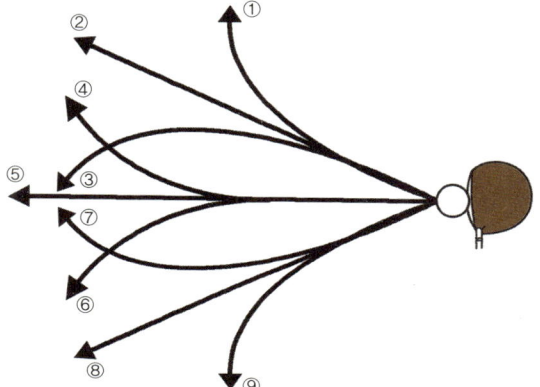

① 우로 나가 더욱 우로
② 우로 나가 그대로
③ 우로 나가 좌로
④ 똑바로 나가 우로
⑤ 똑바로 나가 그대로
⑥ 똑바로 나가 좌로
⑦ 좌로 나가 우로
⑧ 좌로 나가 그대로
⑨ 좌로 나가 더욱 좌로

트, 임팩트 시 헤드의 방향이 스퀘어, 헤드의 중심으로 볼을 쳤을 때'뿐이란 사실을 알 수 있다.

이것을 확률적으로 말하면 9분의 1밖에 되지 않는다. 아니 실제의 스윙에서는 그 확률이 더욱 낮아질 수밖에 없다. 정확히 볼을 치는 것이 얼마나 어려운 것인지가 이해가 될 것이다.

어찌 됐든 볼이란 것은 조금이라도 사이드 스핀이 걸리면 휘어지는 운명에 놓여 있다. 단지 프로나 상급자가 되면 자신의 스윙 버릇을 잘 알아 타구에 어떤 사이드 스핀이 걸리기 쉬운지 알게 된다.

즉 '자신의 구질'이라는 것이며 이것을 알고 있으면 코스의 공략이 훨씬 쉬워진다.

이렇듯이 볼이 휘는 이유를 알고 난 후 자신의 구질을 구사하는 기술이 있으면 볼을 의도적으로 휘게 하는 것도 가능해질 수 있다.

## 드라이버 중심에 맞추지 못했는데도
## 거리가 나는 이유

〈 임팩트의 순간 〉

　드라이버의 무게 중심은 페이스의 거의 중심에 있다. 그곳이 바로 스윗스팟으로서 여기에 볼을 맞추어야 '정타'가 되는데, 이래야만 최대로 볼을 보낼 수 있다고 생각하는 골퍼가 많다.
　그러나 실제로는 틀린 말이다. 좀 더 볼이 나가기 위해서는 중심의 조금 윗부분(손가락 하나 정도)에 빗맞아야 된다.
　이 경우의 스윙은 무언가 타격감이 좋지 않고 그다지 경쾌한 소리도 나지 않는다. 그러므로 대부분의 골퍼는 나이스샷이라고 생각하지 않았지만 실제로 볼이 낙하한 지점에 가보면 생각 외로 거리가 나 있음을 종종 보게 된다.
　왜 드라이버 중심보다 약간 위로 빗맞은 볼이 멀리 가는 것일까?
　그 이유로 첫 번째는, 지나친 백스핀양이 줄어들기 때문이다. 아래의 그림처럼 볼이 중심의 약간 위에 맞으면 볼과의 충격에 의해 헤드는 시계 반대방향으로 회전하려고 한다. 볼과 헤드의 표면은 임팩트의 순간 마치 톱니바퀴처럼 맞물려 있기 때문에 볼은 헤드의 회전방향과 반대인 시계방향으로 회전하려고 한다(이런 경우를 톱스핀). 이

▶ 드라이버의 중심을 조금 위로 벗어나 맞으면 볼이 멀리 가는 수수께끼

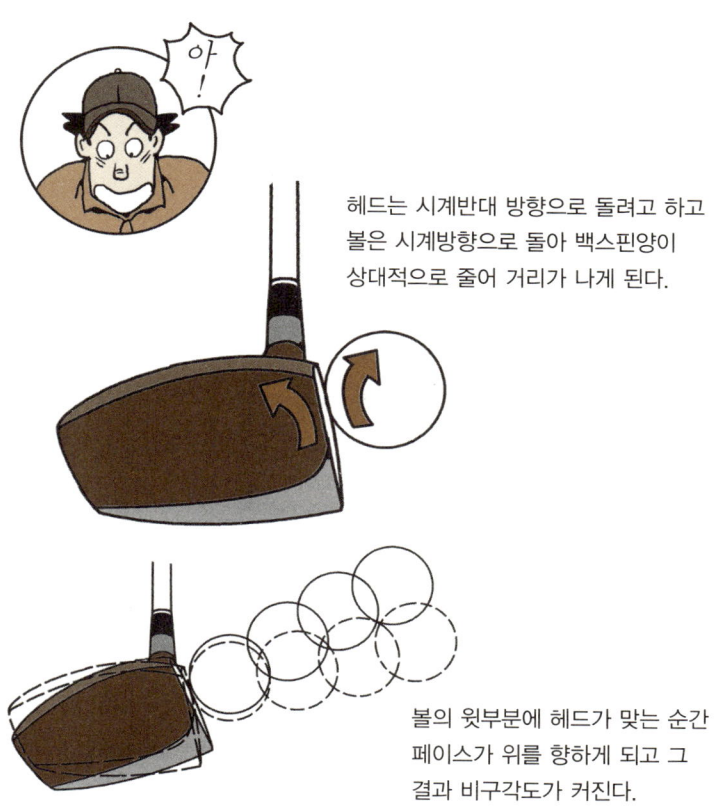

헤드는 시계반대 방향으로 돌려고 하고 볼은 시계방향으로 돌아 백스핀양이 상대적으로 줄어 거리가 나게 된다.

볼의 윗부분에 헤드가 맞는 순간 페이스가 위를 향하게 되고 그 결과 비구각도가 커진다.

것은 '톱니효과'라고 불리는 것인데 중심의 약간 윗부분에 맞을 경우 상대적 백스핀양이 줄어 그만큼 거리가 나게 된다.

또 하나의 이유로 볼이 헤드의 윗부분에 맞으면 순간적으로 페이스 면이 위를 향하기 때문에 클럽의 로프트가 커진다. 즉 비구각이 커지기 때문에 볼이 멀리 가는 이유가 된다.

반대로 볼이 헤드의 중심보다 아래에 맞으면 먼저의 경우와는 반대방향의 톱니효과가 나타나 볼에 백스핀이 많이 걸리고 페이스 면도 임팩트 순간 아래를 향하기 때문에 비구각도 작아져 거리가 나지 않게 된다.

# 날씨와 기압은 어느 정도 비거리에 영향을 주나

〈 기온과 습도의 효과 〉

여름과 겨울 중 여름에, 고원과 저지대 중 고원에서 볼은 더 멀리 날아간다―골퍼라면 누구라도 경험했을 것인데 실제로 날씨와 기압은 어느 정도 비거리에 영향을 미치는 것일까?

'멀리 날리기 위해! 휘어지지 않기 위해! 클럽과 볼의 진정한 과학'(야마구치 테쓰오)에 의하면 기온이 0도와 36도인 경우에, 헤드스피드가 40m/s인 골퍼의 캐리와 런을 포함한 전체 거리가 10야드 차이가 나는데 이 경우 볼 자체의 온도에 의한 차이가 3야드, 바깥기온에 의한 차이가 7야드라고 한다. 겨울에 볼을 주머니 안에 넣어 따뜻하게 하면 멀리 날아간다고 하는데 대충 3야드 정도의 효과가 있다고 말할 수 있다.

다음은 습도이다.

습도가 높은 편이 멀리 날아간다고 하면 이상하다고 생각하는 사람이 많을 것이나 이것은 잘못된 생각이다. 습도가 높다는 것은 공기 중에 물 분자의 비율이 높다는 것인데 물 분자는 공기의 주성분인 질소와 산소 분자보다 가볍기 때문에 습도가 높을수록 공기의 밀도가 낮아진다. 그러므로 습도가 낮을 때보다 볼은 멀리 날아간다.

습도가 높은 편이 거리가 나지 않는다는 인식이 있는 것은 어디까지나 비 때문에 볼이 날지 못하는 것을 습도 탓이라고 잘못 알기 때문이다.

다만 그 책에 의하면 습도가 10%인 때와 90%인 때에 0.8야드 정

▶ **기온과 볼 경도의 관계**

기온이 내려가면 볼의 경도가 높아지기 때문에 임팩트 순간 손에 충격이 강하게 느껴진다. 그래서 겨울에는 부드러운 볼을 사용하는 것이 좋다.

도 밖에 차이가 나지 않아 습도에 의한 차는 거의 나지 않는다고 보는 것이 좋을 듯하다.

마지막으로 기압인데 해발 1000m 코스는 0m 코스보다 5야드 멀리 간다.

2011년 전미여자오픈은 7047야드라는 사상 최장의 코스에서 개최되었는데 그 장소는 해발 2000m인 콜로라도 스프링에 있는 브로드모어 골프클럽이었다. 앞의 계산으로 해 보면 드라이버로 10야드, 다른 클럽도 1클럽 정도는 차이가 나, 18홀에서 36번 샷을 했다면 단순 계산으로도 360야드는 족히 더 멀리 보낼 수 있다. 이렇게 생각해 보면 7047야드의 셋팅도 결코 무모하다고 말할 수 없다는 것을 이해하게 된다.

## 앞바람과 뒤바람의 비거리는 얼마나 차이가 날까

⟨ 바람에 대처하는 법 1 ⟩

골퍼들을 가장 괴롭히는 기상조건은 강풍이다.

비는 후술하는 바와 같이 조금 거리가 나지 않는 정도이지만 풍속 10m/s 정도의 강풍에서의 라운드는 바람이 없는 상태와 비교하면 2~3클럽 정도의 차이가 나는 경우도 드물지 않다.

더구나 옆바람인 경우 타깃보다 20~30야드 좌나 우를 겨냥하지 않으면 안 되는 경우도 있다. 프로 토너먼트에서도 이런 조건이라면 평균 스코어가 2~3타 나빠지는데 바람에 익숙하지 않은 아마추어라면 5~6타 나빠지는 것도 이상한 일이 아니다.

그러면 바람이 샷에 주는 영향이 구체적으로 어느 정도일까?

앞서 출간된 책에 의하면 풍속 5m/s의 앞바람(맞바람)에서 헤드스피드가 40m/s인 골퍼가 드라이버를 칠 경우 약 17야드의 비거리가 줄어든다고 한다. 반대로 풍속 5m/s의 뒤바람인 경우는 약 12야드가 더 나간다고 한다.

앞바람의 경우가 비거리에 악영향을 크게 주기 때문에 아마추어는 앞바람이 싫은 사람이 많을 것이다. 더군다나 앞바람인 때 백스핀양이 많은 샷을 하면 볼은 크게 떠올라 더욱 거리가 나지 않게 된다.

이것은 앞바람의 경우에 볼과 공기 간의 상대속도의 차가 크게 되어 볼을 높게 띄워 올리는 양력도 필요 이상 크게 되기 때문이다.

'앞바람 시에는 볼을 강하게 쳐서는 안 된다'고 한다. 바람에 지지 않으려고 강하게 치는 것은 백스핀양을 증가시켜 평소 이상으로 양력을 크게 하여 결과적으로 볼을 띄워 올려 버리기 때문에 올바른 지적이라고 말할 수 있다.

마지막으로 풍속을 판단하기 위한 측정기준인 '뷰 포트 풍력단계'의 일부를 소개한다. 이것은 19세기 초 영국 해군의 뷰 포트 제독이 제안한 것인데 기상청의 풍력단계도 이것을 기초로 하였다.

▶ 뷰 포트 풍력단계

| 풍력 | 풍속(m/s) | 육상의 모습 |
| --- | --- | --- |
| 0 | 0.3 미만 | 정숙. 연기가 똑바로 올라간다. |
| 1 | 0.3~1.6 | 연기가 흔들리나 풍력계는 움직이지 않는다. |
| 2 | 1.6~3.4 | 얼굴에 바람이 느껴진다. 나뭇잎이 움직인다. 풍력계도 움직인다. |

| 풍력 | 풍속(m/s) | 육상의 모습 |
|---|---|---|
| 3 | 3.4~5.5 | 나뭇잎과 가지가 끊임없이 움직인다.<br>가볍게 깃발이 펄럭인다. |
| 4 | 5.5~8.0 | 모래바람이 일어나고 종이가 날린다.<br>작은 가지가 움직인다. |
| 5 | 8.0~10.8 | 잎이 있는 관목이 흔들리기 시작한다.<br>연못 수면에 파도가 인다. |
| 6 | 10.8~13.9 | 큰 가지가 흔들린다. 전선에서 소리가 난다.<br>우산 펴기가 힘들다. |
| 7 | 13.9~17.2 | 나무 전체가 흔들린다.<br>바람을 마주하고 걷기가 힘들다. |

골프가 가능한 풍력은 6 정도까지이고 풍력이 8 이상이 되면 그린 위의 볼이 움직이는 것은 물론 가옥에도 피해가 생기기 시작하므로 골프는 당연히 하지 말아야 한다.

# 뒤바람인데도 거리가
# 나지 않는 이유

〈 바람에 대처하는 법 2 〉

바람이 뒤에서 불 때에는 비거리가 늘어나는 것이 보통이지만 뒤바람이 지나치게 강하면 볼이 최고점에 도달하기 전에 갑자기 낙하해 버린다든지 최고점을 지나 하강궤도에 접어들면서 갑자기 떨어져 버리는 일이 있다.

전자를 소위 '바람에 얻어맞는다'는 것인데 볼이 뒤에서 불어오는 바람에 밀리는 것으로 백스핀양이 줄기 때문에 생긴다. 특히 비구각이 낮을 때 일어나기 쉽다.

후자는 '드롭'이란 것으로 하강궤도에 들어간 볼은 서서히 속도가 줄어드는 데 뒤바람이 강하게 불면 볼의 속도와 바람의 속도가 같아지는 일이 생긴다. 그렇게 되면 볼의 주위에 공기의 흐름이 적어져 양력이 떨어지게 되고 결국은 문자 그대로 볼이 급하게 낙하(드롭)해 버리게 된다.

이런 불운한 일을 만나지 않으려면 클럽을 끝까지 휘둘러 볼에 강한 스핀을 걸어 주도록 해야 한다. 그렇게 하면 볼이 바람에 얻어맞지 않고 바람을 타는 일이 가능해진다.

▶ **뒤바람인데도 거리가 나지 않는 두 가지 이유**

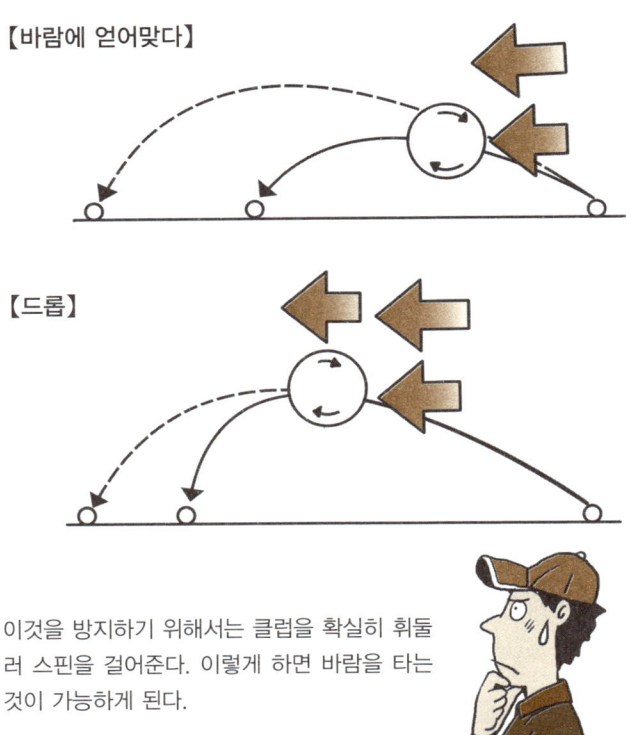

이것을 방지하기 위해서는 클럽을 확실히 휘둘러 스핀을 걸어준다. 이렇게 하면 바람을 타는 것이 가능하게 된다.

혹은 뒤바람 때는 스푼으로 치는 선택도 있다. 그편이 드라이버보다 멀리 보낼 수 있기 때문인데 스푼을 사용하게 되면 비구각이 커져 바람을 타는 일이 가능해지기 때문이다.

# 비는 비거리에 어느 정도 영향을 주는가

〈 물리적 / 심리적 이유 〉

　우천 시의 골프가 강풍 속에서의 골프보다 훨씬 좋다는 골퍼가 많다.
　그 중에는 빗소리가 주위의 잡음을 없애주어 오히려 집중이 가능해지며 그린이 젖어 있어 볼을 세우기가 쉬워져 좋은 스코어가 난다는 사람도 있다.
　그렇지만 비거리란 점에서 말하면 비가 악영향을 끼치는 것은 사실이다. '어느 정도의 비에 어느 정도 비거리가 떨어지는가' 하는 확실한 데이터는 없지만 비에는 질량이 있으므로 무게가 있는 것이 볼에 닿으면 비거리가 떨어지는 게 당연하다.
　우중 라운드에서 비거리가 떨어지는 요인은 비의 입자가 볼에 닿는 것보다 지면이 젖어 있어 런이 나지 않기 때문이다. 특히 평소 런

▶ 빗방울이 비거리에 미치는 영향은

페이스와 볼 사이에 물방울이 끼어들면 볼에 충분한 스핀이 걸리지 않아 비거리가 나지 않는다. 샷하기 전에 부지런히 페이스를 닦아줄 것.

으로 비거리를 보충하고 있는 드로우 볼 히터들에게는 영향이 크다.

볼과 클럽 페이스의 사이에 물이 끼어드는 것도 비거리에 악영향을 준다. 드라이버나 우드는 백스핀양이 줄어 볼을 띄우기 어려워지고 비거리가 짧아지게 된다.

다만 아이언의 경우는 플라이어*와 같이 볼과 페이스의 사이에 물이 있으면 역시 백스핀양이 줄어 예상 이상으로 볼이 날아가는 일이 있다. 어느 경우에도 샷하기 전에 클럽 페이스를 닦아 주는 것이 우중 골프의 상식이라 할 수 있다.

---

* 플라이어: 평소보다 백스핀이 적어 볼이 멀리 날아가며 탄도도 낮아 잘 굴러가는 현상

이밖에 비로 볼이 멀리 가지 못하는 것은 비옷 때문일 수도 있다.

스윙과 인간의 몸과의 관계는 실로 미묘해서 스웨터 1장을 걸쳤는지 않았는지에 따라 어깨의 회전상태가 달라져 버린다. 하물며 질척거리는 비옷의 경우는 스윙에 끼치는 영향이 스웨터보다 훨씬 크다. 그래서 프로골퍼 중에는 비가 꽤 내리더라도 비옷을 입지 않는 이도 적지 않다.

마지막으로는 골퍼의 심리상태이다. 이것은 바람에 관해 말할 때도 거론하였지만 비를 귀찮다고 생각하면 그것만으로도 스윙의 리듬이 빨라지며 그 결과 비거리가 떨어질 뿐만 아니라 여러 가지 미스가 나오고 만다.

대책은 우중 골프도 골프의 하나라고 생각하는 것이다. 그래서 볼을 세우기가 쉬워지고 집중하기가 좋아지는 등 플러스 면을 보고 '우중 골프도 재미있다'고 생각하게 되면 최소한 골프를 망쳐 버리는 것은 막을 수 있다.

# '멀리 보내는 볼'과 '세우는 볼'은 어디가 다른가

〈 당신에게 맞는 것은 〉

이상적인 골프 볼을 한마디로 말한다면 '멀리 가고 잘 세울 수 있는 볼'이라고 할 수 있다.

그러나 엄밀히 말하면 이런 꿈같은 볼은 없다. 왜냐하면 '멀리 난다'는 것과 '세운다'는 것은 볼의 성능상 모순이 되기 때문이다. 드라이버로 칠 때에는 적당량의 백스핀이, 웨지로 칠 때에는 최대한의 백스핀이 걸리는 그런 꿈같은 볼은 유감이지만 아직 개발되지 않았다.

물론 제조업체들은 이런 꿈의 볼을 개발하려고 날마다 지혜를 짜내고 있어 프로나 상급자용 볼은 꽤 이상에 근접한 것들도 출시되고 있다.

그러나 엄밀히 말하면 '멀리 보내는 볼'은 세우는 것은 포기해야 하고 '세우는 볼'은 비거리를 희생해야 한다. 어느 쪽도 베스트인 것은 없다. 이것은 제조업체가 '멀리 보내는 볼'과 '세우는 볼'을 구분하여 판매하고 있는 것에서도 알 수 있다.

그러면 양자의 차이는 어디에 있는 것인가?

보다 큰 차이는 볼의 표면을 감싸는 커버의 재질에 있다. 대부분의 경우 거리용 볼은 아이오노머(사린)가, 세우는 용도의 볼은 우레탄이 사용되고 있다.

아이오노머는 우레탄보다 반발력이 높기 때문에 멀리 날아간다. 반면 우레탄은 아이오노머보다 유연하기 때문에 스핀이 잘 걸려 타격감도 부드럽다.

▶ **스핀은 어떻게 해야 생기는 것일까**

'세우는 볼'은 임팩트 시에 커버가 페이스에 밀착해 큰 변형이 생기기 때문에 스핀을 걸기가 쉽다.

프로나 상급자용의 볼은 같은 우레탄을 사용하여도 내부의 코어를 달리 함으로 비거리 중시형과 스핀 중시형으로 나누어진다. 프로나 상급자 중 많은 이들이 우레탄 커버의 볼을 사용하는 것은 거리를 조금 손해 보아도 그린을 노리는 샷이나 어프로치에서 볼을 잘 세우고 싶기 때문이다. 타격감이 소프트해져 어프로치에 필요한 미묘한 터치가 나오기 쉬운 이점도 있다.

비거리만으로는 스코어를 줄일 수가 없으나 컵의 주위에 딱 세우면 그것으로도 1스트로크 차이가 나게 된다. 승부의 세계에서 살아남아야 하는 프로라면 당연한 선택이라 할 수 있다.

세우는 볼의 단점은 가격이 비싸고 커버에 상처가 나기 쉽다는 점이다. 그리고 스핀양이 많기 때문에 아무래도 볼이 휘기 쉽다.

이 점에서는 비거리용 볼은 가격이 싸고 표면이 단단해 상처가 잘 안 나며 세우는 볼보다 잘 휘어지지 않는다. 그러므로 '볼 1~2개 잃어버려도 좋으니까 확실하게 멀리 보내고 싶은' 사람은 저렴한 비거리 중시형 볼을 사용하기 바란다.

# 프로의 아이언이 그렇게
# 거리가 많이 나는 이유

〈 골프의 진수 〉

　프로가 사용하는 아이언은 아마추어용보다 대개 로프트가 1~2도 크다. 그런데도 아마추어보다 2~3번 이상 긴 아이언만큼 멀리 날아가는 것은 왜일까?
　확실히 헤드스피드 차이가 있지만 보다 더 큰 이유는 아마추어의 대부분은 아이언을 떠올려 치려고 하지만 프로는 다운블로우로 치기 때문이다.
　다운블로우를 보통의 스윙보다 예리한 각도로 위에서 내려치는 것이라고 생각하고 있는 사람이 많지만 그렇지 않다.
　실은 다운블로우라 말하여도 특별한 스윙을 하고 있는 것은 아니다. 볼을 티에 올려놓고 치는 드라이버와 달리 아이언은 스윙의 최하점이 볼을 맞추고 난 다음에 온다. 즉 헤드가 내려가면서, 다르게 표현하면 다운스윙의 도중에 볼을 맞추기 때문에 다운블로우라 하는 것이다.

그 증거로 프로의 아이언 샷에서는 볼이 있던 자리를 지나서 잔디가 파인다. 만약 볼을 치기 전에 잔디가 파인다면 뒤땅이란 증거이다.

그럼 왜 다운블로우가 멀리 날아가는가 하면, 임팩트 시에 로프트의 각이 볼과 직각에 가깝게 서 있기 때문이다.

일러스트 ①과 같이 다운블로우에서는 헤드가 낙하하면서 볼을 맞추고 있기 때문에 페이스가 약간 아래를 향하고 있다. 예를 들면 9번 아이언의 로프트가 7번 정도로 되기 때문에 멀리 날지 않으면 오히려

▶ **아이언의 비거리에 차이가 나는 이유**

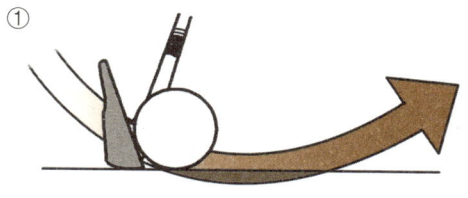

페이스가 약간 아래로 향하게 되어 로프트가 서게 되고 볼이 멀리 날아간다. 게다가 백스핀양도 늘어나게 되어 잘 세울 수 있게 된다.

퍼 올려 치려고 하면 볼에 못 미친 곳을 치는 뒤땅이 되고 만다.

이상해진다.

  그리고 다운블로우로 치게 되면 백스핀양이 늘어나게 되어 볼은 높이 떠 그린에 떨어져도 그다지 구르지 않는다. 다시 말해 핀을 정확하게 공략하는 것이 가능하게 된다.

  생각해 보면 골프라는 것은 지면에 붙어 있는 볼을 치는 게임이기 때문에 볼을 아래서부터 치는 것은 불가능하다. 페어웨이 우드(FW)는 옆에서 쓸듯이 치는 것이라고 자주 말하나 이것도 아이언보다 헤드의 입사각이 완만하게 된다는 것뿐으로 역시 다운블로우로 치지 않으면 볼을 띄울 수가 없다.

  많은 아마추어들이 아이언을 올려 치려고 하는 것은 그렇게 하지 않으면 볼이 뜨지 않는다고 생각하고 있기 때문이다.

  그러나 러프에 떠 있는 볼이 아닌 이상 볼의 아래쪽에 공간은 없는 법이다. 볼을 띄우려고 올려 치게 되면(일러스트 ②) 볼에 못 미치는 부분을 치는 뒤땅이나 볼의 머리를 쳐버리는(탑핑을 할) 수밖에 없다.

# 2장

무리없이 스윙하는
## 신체의 과학

정확한 샷 동작을
만들어 주는
**놀라운 운동생리학**

# 숙달의 지름길은
# '정확한 몸의 사용법'을 이해하는 것

〈 스윙의 핵 〉

　골프 스윙에 관해서는 무수한 '이론'이 있으나 '몸의 움직임'이란 관점에서 보면 아주 간단하게 표현할 수가 있다.
　즉 하반신은 가능한 고정시켜 놓고 상반신의 앞 기울기를 유지해 가며 척추를 축으로 상반신을 비튼다. 더 이상 상반신을 비틀지 못할 정도가 되면 그때부터 하반신 → 상반신의 순으로 몸을 회전시켜 준다. 이 몸의 큰 움직임에 팔과 손, 클럽이 따라와 주는 것이 골프의 스윙이 되는 것이다.
　상반신을 오른쪽으로 비틀면 체중도 자연히 좌에서 우로 이동하며 양팔에 '완전히 힘을 빼고' 클럽이 항상 몸의 중심에 있게 상반신을 비틀면 더 이상 클럽이 올라가지 않게 되는데 그곳이 그 사람의 톱이다.

허리는 하반신을 움직이지 않으려는 의도로 상반신을 비틀어도 어쩔 수 없이 조금은 오른쪽으로 돌아가게 되는데 허리의 회전을 너무 의식하게 되면 그 순간부터 뒤틀림이 아닌 단순한 회전이 되어 볼을 멀리 보낼 수가 없게 된다.

물론 골프 스윙에는 손목을 꺾는 법이나 타이밍 메카니즘을 만드는 법 등 배워야 할 포인트가 무수히 많다.

그러나 순서적으로는 몸의 큰 움직임을 이해하는 것이 우선이다. 그것만 이해하고 그대로 몸이 움직이면 그 다음은 팔과 손의 사용방법을 적용하면 되기 때문에 싱글이 되는 것은 시간이 해결해 주게

▶ 몸의 움직임을 단순하게 생각하자

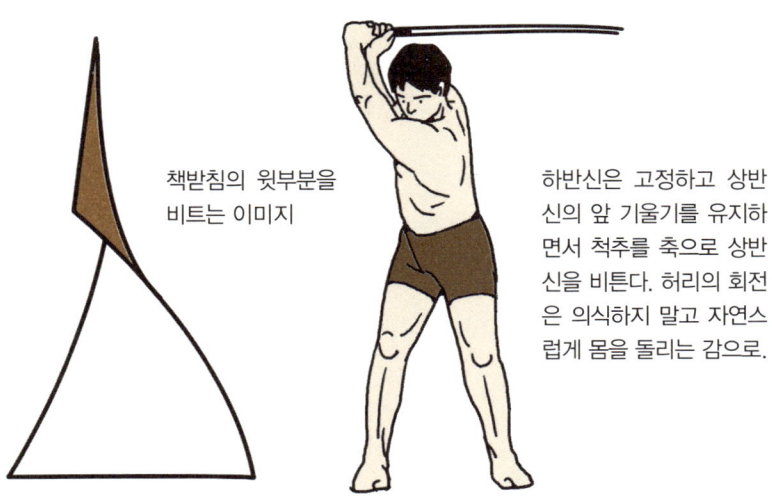

책받침의 윗부분을 비트는 이미지

하반신은 고정하고 상반신의 앞 기울기를 유지하면서 척추를 축으로 상반신을 비튼다. 허리의 회전은 의식하지 말고 자연스럽게 몸을 돌리는 감으로.

된다.

역으로 말하면 많은 레슨서를 읽고 열심히 연습을 하고 있는데도 아직도 90을 깨지 못하고 있는 사람은 스윙의 지엽적인 것에만 온 신경을 쓰고 정작 중요한 기본적인 몸의 움직임에 중대한 결함이 있는 것을 알지 못하기 때문이다.

스윙의 기본인 몸의 움직임을 마스터하기 위해서는 '스윙 중, 지금 어느 근육을 사용하고 있나? 어느 관절에 부하가 걸려 있나?'라는 것을 의식하면 된다.

아마추어는 프로의 스윙을 흉내 내려고 하나 근육이나 관절의 사용법이 프로와는 전혀 다른 것이 많이 있다. 이것은 한마디로 말해 '스윙의 모양'에만 신경을 쓰기 때문이다. '겉모습'으로는 실제 어디에 힘이 들어가 있는가, 어디에 힘을 빼고 있는가를 알 수 없다.

그러나 다음 장부터 설명하고자 하는 '정확한 몸의 사용법'을 이해하고 연습을 하면 수개월 안에 몰라보게 스윙이 좋아질 수 있다.

# 어드레스 시에는 복부 주변의
# 근육에 힘을 준다

〈 올바른 자세 〉

**가슴 위쪽의 근육에는 힘을 빼는 것이 좋다**

"어드레스 때에는 반드시 몸에 힘을 빼는 것이 중요하다"고 흔히들 말한다.

그러나 모든 근육의 힘을 빼버리는 것은 스윙 축도 없어지고 무엇보다 '느슨한 어드레스'가 되어 버린다.

어드레스 시(혹은 스윙 시 계속적으로) 힘을 빼야 하는 곳은 '가슴 위쪽의 근육'이다. 구체적으로는 가슴, 어깨, 팔, 손의 근육에는 일체 힘을 넣지 않도록 한다.

달리 말하자면 힘이 들어갔다고 느낄 때에는 반드시 가슴 위의 근육 어딘가에 필요 없는 힘이 들어가 있다고 생각하면 된다. 이 여분의 힘에 의해 스윙 궤도가 어긋나며 타이밍이 틀어져 미스샷이 생기게 된다.

어드레스 때에 의식해야 하는 것은 복직근과 복횡근 등 '몸통'이라고 불리는 몸의 중심에 있는 근육이다. 이런 배 주변의 근육에 어느 정도 긴장감이 없으면 스윙의 축이 무너지기 쉬워진다.

프로들 중에는 '어드레스 때에 배꼽 밑 단전에 힘을 준다'는 사람이 있다. 배꼽 밑 단전은 배꼽 조금 아래이며 옛날부터 '기'를 넣는 곳으로 알려져 있다. 이곳에 힘을 넣으면 축이 안정되고 중심도 밑으로 내려와 토대가 튼튼한 스윙이 가능해진다.

또한 배 주변에 있는 근육은 올바른 어드레스를 가능케 하는 대단히 중요한 역할을 담당한다.

▶ 어느 근육에 힘을 줄 것인가

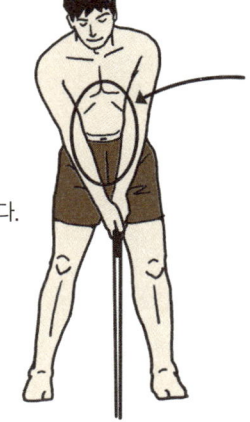

사타구니에 힘을 주면 파워가 생긴다.

복직근과 복횡근 등 몸통에 긴장감을!

배꼽 밑 단전에 힘을 넣는다.

몸통에 힘을 줌으로써 몸의 축이 안정되고 중심이 밑으로 내려가 토대가 든든해져 올바른 전경자세가 된다.

올바른 어드레스는 어깨 폭의 직립자세에서 서혜부(사타구니)에 가위 모양으로 손을 대고 상반신을 앞으로 기울이면 된다. 복근이 약하면 앞 기울기가 얕아져서 임팩트 시에 아무래도 상반신이 일어나기 쉽다.

또한 등뼈는 똑바로 펴주어야 하나 많은 아마추어들은 '똑바로'를 너무 의식해서 등이 젖혀져 버리는 어드레스, 즉 앞에서 보면 턱이 올라가고 가슴을 당기는 자세가 되기 쉽다.

이 자세는 이미 힘이 들어가 있는 상태로 실제 백스윙을 시작하면 더욱더 필요없는 힘이 들어가기 쉽다. 아니면 백스윙 시 상체가 일어나기 쉬워져 백스윙에 필요한 가슴이 생기지 않기 때문에 아웃사이드-인의 컷트 타법이 되기 쉽다.

올바른 어드레스가 되면 소위 '고관절에 힘이 들어간 상태'가 되어 백스윙이 부드럽게 되며 톱에서 오른쪽 고관절 위에 확실하게 체중을 실을 수가 있다. 이런 자세가 되어야 비로소 볼을 멀리 보낼 수 있는 파워를 오른쪽 고관절 주위에 모아 둘 수 있게 된다.

**그립은 '몸의 중심'을 의식한다**

또 하나 어드레스 때 중요한 것은 양발의 발가락으로 땅바닥을 단단히 붙잡는 일이다. 그러기 위해서는 체중은 약간 발가락 끝에 둔다. 체중은 엄지발가락에 둔다고 자주 얘기하는데 같은 의미이다.

▶ 어드레스의 신체학

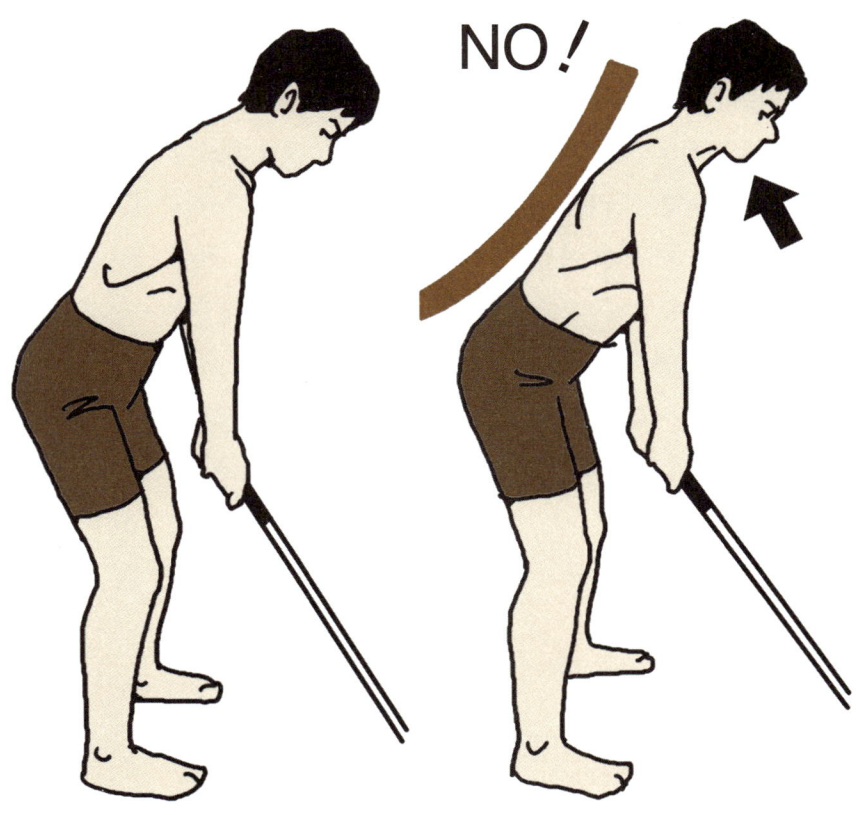

척추는 똑바로 펴주나 우측 그림처럼 휘어지면 좋지 않다. 불필요한 힘이 들어가 상체가 일어날 수 있으며 컷트 타법이 되기 쉽다.
왼쪽은 바른 어드레스로 '고관절에 힘을 준 상태.' 상반신의 뒤틀림으로 생긴 파워를 고관절에 모아 준다. 양발의 발가락으로 땅바닥을 꽉 집는 감각도 중요.

양팔은 어깨를 포함해 완전히 힘을 빼고 축 늘어뜨리며 오른쪽 팔꿈치는 아래를 향하게 한다. 그러면 오른손의 손바닥이 비스듬히 전방을 향하고 왼손의 손등은 역시 비스듬히 전방을 향한다. 이 좌우의 손을 샌드위치 모양으로 겹치면 올바른 그립이 된다.

다음으로 스윙 중에는 그립과 클럽 샤프트의 각도가 변하지 않게 해야 한다. 톱에서는 왼팔은 최대한 펴주며 오른쪽 팔꿈치는 구부리고 팔로우에서는 오른팔을 펴주고 왼쪽 팔꿈치를 구부려 준다. 그리고 그립은 항상 몸의 중심에 있는 것처럼 의식하면 어처구니없는 미스샷은 나오지 않게 된다.

# 테이크백은 팔이 아닌 복근, 배근으로

〈 스윙의 안정 〉

**'팔만 들어 올리는 것'이 좋지 않은 이유**

어드레스의 자세가 바르고 백스윙도 플레인(궤도)으로부터 벗어나지 않으면 그 스윙은 90% 성공한 것이나 마찬가지이다.

달리 말하면 테이크백으로부터 톱까지의 몸의 움직임으로 스윙의 성패가 거의 결정된다고 생각해도 좋다.

그런데 아마추어 중에는 백스윙의 출발점인 테이크백 단계에서 벌써 큰 잘못을 저지르는 사람이 아주 많은데 팔로 클럽을 들어 올려 버리는 자세이다.

클럽을 들어 올리는 데 팔을 사용하게 되면 클럽을 어디까지 올릴 것인지 알 수가 없다. 팔은 마음 먹은 대로 움직일 수가 있어 아웃사이드로도 인사이드로도 자유자재로 클럽을 올리는 것이 가능하며 또

팔을 사용하게 되면 얼마든지 클럽을 '크게' '강하게' 휘두른 것이 가능해진다.

그 결과 극단적인 오버 스윙이 되며 이렇게 되면 아무리 연습해도 스윙 플레인이 만들어지지 않고 볼도 어디로 날아갈지 알 수가 없다.

테이크백은 체중이동을 시작으로 해서 팔이 아닌 복근과 배근으로 행하는 것이다. 다시 말하면 팔과 손은 손목의 각도를 유지하는 것만

▶ 테이크백의 좋은 예, 나쁜 예

**좋은 예**
상체가 단단히 꼬이고 왼쪽 어깨도 턱 아래까지 올라와 있다.

**나쁜 예**
상체가 꼬여 있지 않고 팔로만 클럽을 올리고 있다. 오버 스윙으로 연결되기 쉽다.

유의하고 그 외의 힘은 완전히 빼고 그립 또한 부드럽게 쥐어야 한다.

### '공격적인 톱'을 만들기 위해서는

이렇게 복근과 배근을 사용해 척추를 축으로 상반신을 오른쪽으로 뒤틀면 좌측의 배근이 늘어남과 동시에 오른쪽 넓적다리도 안쪽의 근육(내전근)과 정강이 근육(전경골근)에 상당량의 부하가 걸리는 것을 느낄 수 있다.

스윙 중 근육에 가장 크게 부하가 걸리는 것은 이 테이크백부터 톱까지의 순간이다. 여기서 우측의 '버팀'이 충분하지 못하면 허리가 오른쪽으로 밀린다든지 우측 무릎이 버티지 못하고 각도가 무너진다든지 상체가 일어나버리든지 해서 그 스윙은 기대에 못 미치게 된다.

아울러 팔과 손은 어드레스 위치에서 오른 팔꿈치를 기점으로 해서 톱의 위치까지 비스듬한 우측 방향(왼손의 엄지방향)으로 올라가 있을 뿐이다(올리는 것이 아니고 올라간다).

이때의 '이동거리'는 고저차로 치면 겨우 70cm 정도이지만 이 이동에는 몸의 회전이 동반되기에 꽤 크게 손을 움직이고 있는 것 같은 느낌이 드는 데 이것은 일종의 착각이다. 손과 팔은 생각하는 만큼 움직이지 않는다.

특히 오버 스윙의 습관이 있는 사람은 그립을 어드레스 위치에 놓아둔 상태에서 상체를 뒤트는 것만으로 자연스레 톱까지 도달한다는 생각을 하면 좋다. 클럽에는 원심력도 작용하기 때문에 손으로 클럽

▶ 테이크백의 신체학

테이크백은 팔과 손목을 올리는 것이 아니고 복근과 배근을 사용해 척추를 축으로 상반신을 비트는 동작이다.

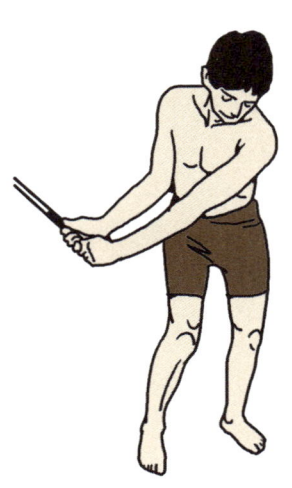

왼쪽의 배근이 늘어나며 오른 다리의 넓적다리 안쪽과 정강이 근육에 부하가 걸린다.

팔과 손은 오른 팔꿈치를 기점으로 해서 상반신의 뒤틀림에 연결되어 자연스레 올라간다. 특히 오버 스윙의 버릇이 있는 사람은 그립을 어드레스의 위치에 놓은 채 상체를 꼬는 듯한 생각으로 쳐라.

을 톱까지 가지고 가면 반드시 오버 스윙이 된다.

또한 클럽을 손으로 올리지 않는다는 의식이 있으면 클럽(그립)은 항상 몸의 중심에 있게 된다(양어깨와 양팔로 만든 삼각형을 무너뜨리지 않는다는 것과 같은 의미).

이것은 클럽이 스윙 플레인으로부터 벗어나지 않았다는 증거로 이렇게 해서 그립이 오른 어깨 부근에 도달했을 때 비로소 '공격적인 톱'이 완성되게 된다.

# 백스윙은 어깨가 아닌 가슴을 우측으로 돌린다

〈 파워를 내는 법 〉

　스윙의 성공/실패를 결정하는 백스윙에 관해 다른 관점에서 설명하기로 한다. 곧잘 '백스윙은 어깨를 돌린다'고 하지만 이 말은 오해를 초래하기 쉽다.
　어깨와 팔 그리고 손은 서로 연결되어 있기 때문에 어깨를 돌리려고 하면 팔과 손도 함께 돌아버리는 골퍼가 많다. 그 결과는 백스윙을 극단적으로 인사이드로 당기게 되어 올바른 스윙이 될 수 없다.
　프로골퍼 나카시마 츠네유키는 "다른 사람이 부를 때 우측으로 돌아보는 것이 바로 백스윙의 이치이다"라고 말하고 있다. 즉 뒤에서 사람이 부르면 어깨를 돌리려고 생각하는 사람은 없고 보통은 소리가 들리는 쪽으로 가슴을 돌려 바라보게 된다.
　백스윙도 같은 이치로 '어깨가 아닌 가슴을 돌린다'고 하는 의식으로 행하면 손과 팔이 자기 마음대로 과다하게 들려 올라갈 여지가 없어진다. 또한 가슴을 돌리려고 하는 의식이 있으면 상체 전체를 꼬려고 하게 되어 복근과 배근도 쓸 수밖에 없고 뒤틀림이 커진다.

뒤틀림이 크게 되면 자동적으로 우측 고관절에 파워가 모아진다.

▶ **백스윙의 신체학**

백스윙 때에는 '어깨를 돌리는 것'이 아니고 '가슴을 우측으로 돌리려는 생각'으로 하면 된다.
이렇게 하는 것이 뒤틀림을 크게 하고 우측 고관절에 파워가 모이게 하기 쉬워지며 손과 팔의 쓸데없는 움직임을 제어할 수 있게 한다.

그 파워가 없어지지 않게 하기 위해 미리 어드레스 때 고관절에 힘을 주고 그 상태를 톱까지 유지시켜 주는 것이 필요하다. 이렇듯이 스윙이란 처음부터 끝까지 모든 움직임이 연동되어 있는 것을 알게 될 것이다.

  스윙이란 것은 테이크백부터 피니쉬까지의 각 단계에서 근육과 관절의 사용법이 바르면 모든 것이 잘 연동되게끔 되어 있다. 어딘가에 흐름이 멈췄다든지 플레인이 어긋나 버리는 것은 멀리 보내려는 생각에 필요 없는 힘이 들어가 있기 때문이다.

# 다운스윙 시 이상적인 '타이밍 메카니즘'을 만드는 법

〈 근력을 활성화한다 〉

체중이 오른쪽으로 이동하고 상체가 충분히 꼬여짐으로 인해 오른쪽 고관절에 파워가 모여지면 이제 더 이상은 상체를 꼬을 수가 없게 될 때가 톱이다.

이때 가슴은 완전히 오른쪽을 향해 있고 그립은 거의 우측 어깨 높이가 된다.

다운스윙은 잘 알다시피 하반신으로부터 시작한다. 그 시작은 왼발로 세게 바닥을 누르는 방법도 있으며 오른발로 지면을 차면서 오른쪽 허리를 왼쪽 허리로 밀어 넣는 방법도 있다.

여기서의 포인트는 다운스윙 시 상체는 원심력에 의해 여전히 오른쪽으로 돌려고 하고 있다는 사실이다. 즉 다운스윙의 순간 하반신은 왼쪽으로 돌려고 하는데 상반신은 여전히 오른쪽으로 돌려고 하는

'당기고 미는 상황'이 생기게 되는 점이다.

바로 이것이 볼을 멀리 보내는 데 필요한 타이밍 메카니즘의 정체이다. 이시카와 료가 '클럽을 등에 놓아 둔다'라고 말하듯이 클럽은 여전히 등 쪽에 있는 상태에서 하반신은 다운스윙을 시작하고 있다.

▶ **다운스윙의 신체학**

'더 이상 상체를 비트는 것이 어려운' 상태가 톱. 프로의 톱을 따라 하면 팔만 올라가는 오버스윙이 되기 쉽다. 몸이 부드럽지 못한 사람은 그림 같은 위치라도 충분.

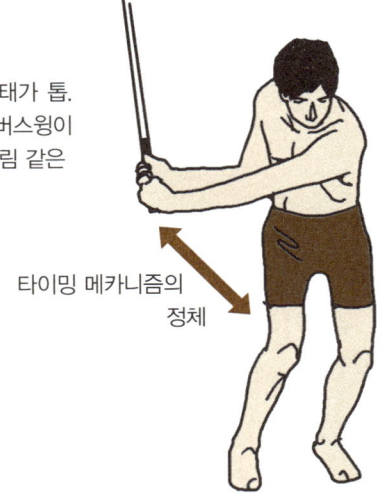

타이밍 메카니즘의 정체

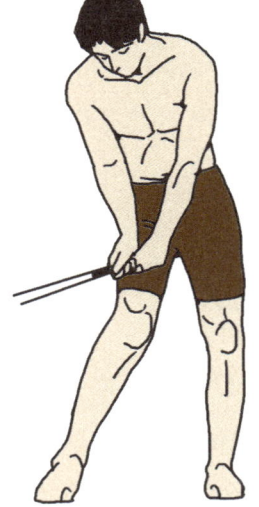

위 그림의 다운스윙 단계에서 상반신 '타이밍 메카니즘의 정체'는 여전히 우측으로 돌아가려고 하고 하반신은 좌로 돌아가려고 하는 '서로 맞당기기'가 일어난다. 이곳에서 파워가 생겨나게 된다.

다운스윙 때에는 팔 근육은 사용하지 말고 하반신과 복/배근을 사용한다. 팔과 손은 마지막 순간까지 코킹을 풀지 말고 오른 팔꿈치가 몸에서 떨어지지 않도록 한다.

이 '시간차'에 의해 늦게 제자리로 돌아오는 헤드에 더욱 가속이 붙어 볼을 보다 멀리 날려 보내는 이치이다.

다운스윙의 연습으로 기둥에 묶은 고무튜브를 스윙의 요령으로 왼쪽 아래로 끌어당기는 것이 있으나 다운스윙이란 단순히 클럽을 끌어내리는 것이 아니고 상당한 힘을 사용하는 것인데 팔의 힘이 아닌 하반신의 근육(좌대퇴사두근과 좌고관절 주변의 근육)과 복근, 배근 등의 힘이다.

다운스윙에서 팔과 손의 임무는 거의 끝까지 코킹을 풀지 않고 오른 팔꿈치가 몸에서 떨어지지 않도록 클럽을 내려주는 일이다(팔꿈치가 먼저 내려가는 이미지). 여기서 팔과 손에 힘이 들어가면 절대 안 되며 자연스럽게 클럽을 떨어뜨려주는 이미지면 좋다.

# 임팩트부터 팔로우 시의
# '맞당기기'란

〈 힘의 전달방법 〉

　임팩트 직전에 코킹이 풀리며 휘어졌던 샤프트가 절묘한 타이밍으로 되돌아와 임팩트되었을 때 그립은 어드레스 때의 위치로 돌아온다. 머리는 아직 볼의 우측에 남아 있고 가슴은 정면을 향하고 있으나 허리는 이미 45도 정도 좌로 향하고 있다.

　임팩트 시 체중이 이미 좌측으로 넘어가 버리는 골퍼가 많은데 이것이 "너무 돌진해 버렸다"고 말하는 스윙이다. 임팩트 시 무거운 머리는 아직 볼의 우측에 있기 때문에 이 단계에서 체중은 좌우 반반이 된다.

　임팩트 직후 자연스레 좌우의 팔 아래쪽이 교차되어(손목을 돌리려는 의식은 필요없다) 팔로우 시에는 오른팔이 쭉 뻗어진다. 클럽 헤드는 원심력에 의해 비구선 방향으로 향하려 하나 골퍼의 머리가 아직 우측에 있기 때문에 여기서 클럽과 몸(머리)의 맞당기기가 생긴다.

해머던지기 선수는 자신의 몸을 축으로 해서 머리와 해머가 서로 맞당기기가 되도록 회전시킴으로 최대한의 원심력을 얻으려 한다. 골

▶ 임팩트/팔로우의 신체학

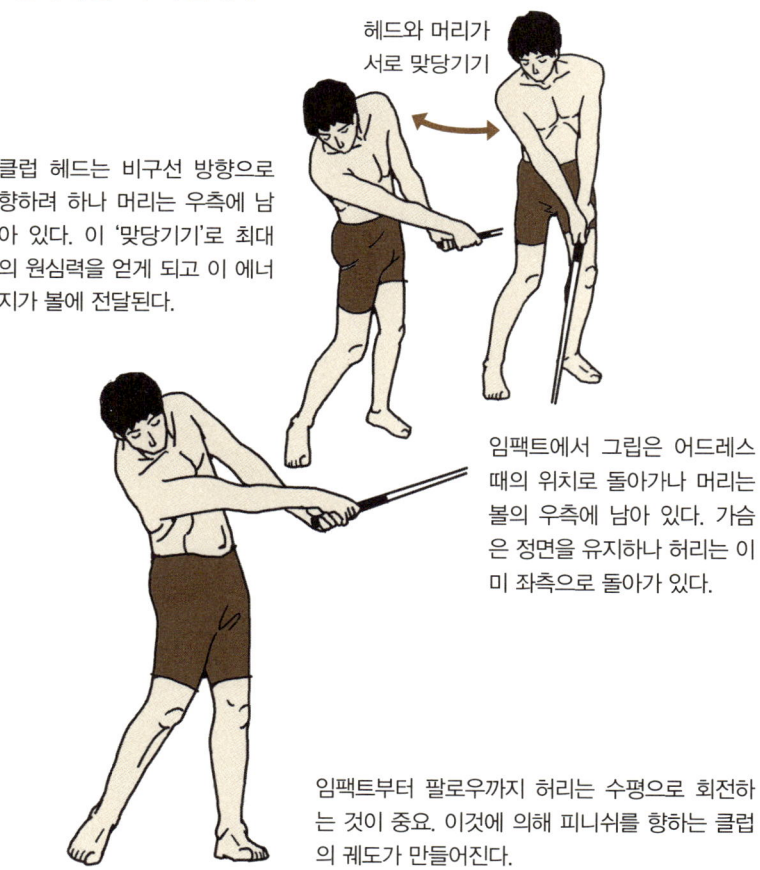

헤드와 머리가 서로 맞당기기

클럽 헤드는 비구선 방향으로 향하려 하나 머리는 우측에 남아 있다. 이 '맞당기기'로 최대의 원심력을 얻게 되고 이 에너지가 볼에 전달된다.

임팩트에서 그립은 어드레스 때의 위치로 돌아가나 머리는 볼의 우측에 남아 있다. 가슴은 정면을 유지하나 허리는 이미 좌측으로 돌아가 있다.

임팩트부터 팔로우까지 허리는 수평으로 회전하는 것이 중요. 이것에 의해 피니쉬를 향하는 클럽의 궤도가 만들어진다.

프의 임팩트도 이것과 동일하다. 머리가 비구선 방향으로 풀려 버리면 에너지를 잃게 될 뿐만 아니라 스윙 플레인마저 틀어져 버리게 된다.

임팩트부터 팔로우의 과정에서 하반신의 동작으로는 허리를 수평으로 회전시키는 것(꺾는 것)이 포인트이다. 여기서 허리를 꺾지 않고 왼쪽 고관절이 펴져 버리면 피니쉬를 향한 클럽의 궤도가 무너져 버리게 되고 우측 어깨가 내려가 결과적으로 부채 타법이 되어 버린다.

허리를 수평으로 회전시키기 위해서는 좌고관절 주위의 근력은 물론이거니와 유연성도 중요하다. 평소에 고관절은 충분히 스트레칭해 둘 것을 권한다.

# 피니쉬는 이상적인 'I자형'을 취한다

〈 회전의 결말 〉

팔로우에서 오른팔이 펴지고 클럽의 샤프트가 비구선과 겹쳐질 때 머리는 여전히 볼의 우측에 있으며 배꼽은 완전히 타깃 방향을 향하고 있다.

하반신에서는 허리의 회전과 동시에 오른쪽 무릎이 왼쪽 무릎 밑에 붙어 체중은 단숨에 좌측으로 이동하고 있다.

전경자세를 유지하는 것도 여기까지이다. 헤드의 원심력에 왼쪽 팔꿈치를 접으면 클럽이 골퍼의 목에 감기듯이 회전하며 이때 상체가 일어나고 얼굴도 타깃 방향을 향하게 된다.

피니쉬에서는 왼쪽 발 하나로 설 수 있을 정도로 체중이 좌로 이동해 있다. 피니쉬의 형태는 'I자형'이 이상적이다. 옛날 방식인 '역C자형'은 부채 타법을 조장하기 쉬우며 허리에도 상당한 부담을 준다.

또한 좌로 이동해 온 체중을 지탱하지 못하고 왼발의 발끝이 열려 버리는 골퍼가 많으나 이렇게 되면 파워를 잃어버리든지 방향성이 나빠지게 된다. 왼발의 안쪽이 젖혀지는 것은 어쩔 수 없으나 그렇다 하

▶ **피니쉬의 신체학**

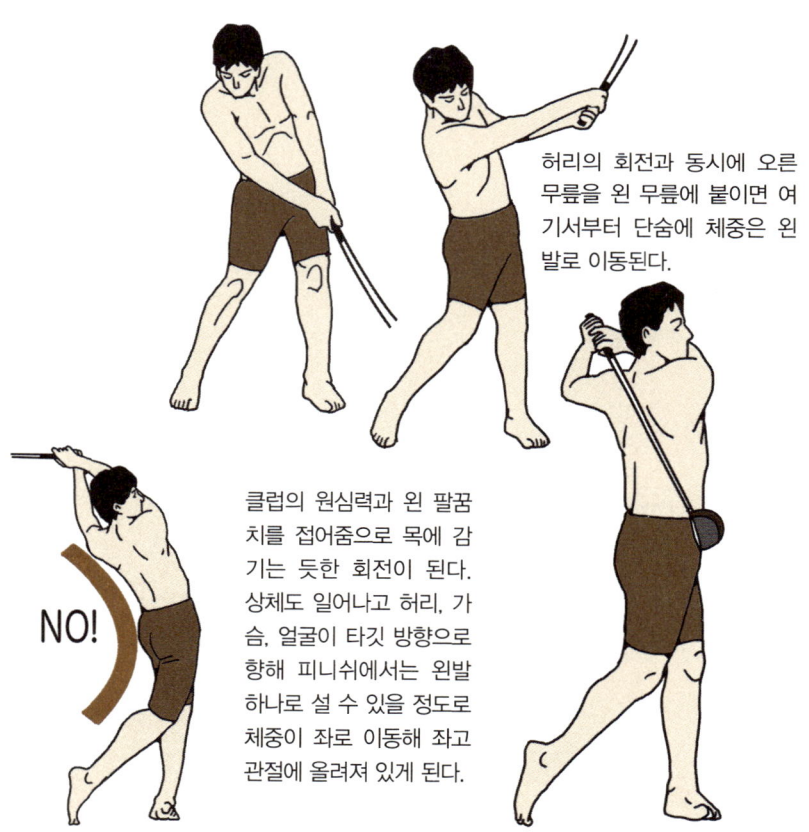

허리의 회전과 동시에 오른 무릎을 왼 무릎에 붙이면 여기서부터 단숨에 체중은 왼발로 이동된다.

클럽의 원심력과 왼 팔꿈치를 접어줌으로 목에 감기는 듯한 회전이 된다. 상체도 일어나고 허리, 가슴, 얼굴이 타깃 방향으로 향해 피니쉬에서는 왼발 하나로 설 수 있을 정도로 체중이 좌로 이동해 좌고 관절에 올려져 있게 된다.

더라도 왼발의 바깥쪽과 좌고관절로 단단히 체중을 받아주어야 한다.

밸런스가 좋은 스윙에서는 체중이 좌고관절에 단단히 올려져 있기 때문에 피니쉬의 자세를 수초 간 유지할 수가 있다. 처음부터 피니쉬가 가능한 스윙을 마음에 두면 밸런스가 무너지는 오버스윙은 하지 않게 된다.

# 스윙의 기본은 왜
# 하반신인가

〈 파워의 근원 〉

**스윙에 있어서 하반신의 역할은**

스윙의 주역은 하반신이며 스윙이란 확실하게 클럽을 휘두르는 동작이다. '휘두른다'고 하면 손과 팔의 일이라고 생각하기가 쉬우나 클럽을 휘두르기 위한 반 이상의 에너지는 하반신, 보다 구체적으로는 허리의 회전, 그리고 허리의 회전을 빠르게 하는 양다리의 힘에 의해 생기는 것이다.

야구의 투수나 타자도 '팔을 휘두르는 것'이지만 그 파워의 근원은 하반신에 있다. 원래 하반신과 상반신이 만들어 내는 파워를 비교하면 하반신 쪽이 압도적으로 크다.

골프에서도 팔 힘으로 클럽을 휘두르는 골퍼보다 팔 힘은 없어도 몸(허리)의 회전에 연동해 클럽을 휘두르는 골퍼가 볼을 멀리 보내며

방향성도 뛰어나다. 극단적으로 말하면 골프에 있어서 팔과 손은 하반신으로부터 생긴 파워를 클럽에 전하는 역할만 한다고 해도 과언이 아니다.

물론 클럽을 '빠르게 휘두르는 것'보다 더 좋은 것은 없다. 그러나 이 능력을 키우기 위해서는 팔을 휘두르는 빠르기에 따라갈 수 있는 허리의 회전 스피드가 필요하며 그러기 위해서는 역시 하반신을 강화하는 것밖에 방법이 없다.

하반신 강화에 큰 효과가 있는 것은 스쿼트와 런닝이다. 이것이 귀찮은 사람은 코스에 나갔을 때 절대로 카트를 타지 말고 보폭을 넓게 해서 빠른 걸음으로 걸을 것을 추천한다.

▶ **손쉬운 하반신 단련법**

스쿼트는 하반신 강화에 효과적.
허리의 회전 스피드도 올라간다.

### 하반신의 파워를 클럽에 전하는 '몸통'

하반신 강화만큼이나 중요한 것은 '몸통'의 강화이다. '몸통(체간)'이란 문자 그대로 몸의 근간에 해당되는 부분으로 구체적으로는 배로부터 허리 등의 이너 머쓸(몸의 깊은 곳에 있는 근육)도 포함하는 근육군을 말한다.

몸통의 중요성은 최근 여러 분야의 스포츠에 걸쳐 주목되고 있다. 이것은 당연한 일로 몸통이란 '자신의 체중을 지탱한다'는 인간으로서의 기본적인 움직임을 콘트롤하는 것만이 아닌 '신체의 밸런스를 유지한다'는 또 다른 중요한 역할이 있기 때문이다.

골프의 경우도 마찬가지이며 특히 골프 스윙의 연속사진을 한 컷씩 보면 잘 알 수 있다. 이 경우 몸통은 매 동작의 축이 되므로 축이 기울어지거나 느슨해져 버리면 그 장면에서 중심은 바로 무너져 버리고 만다. 몸통이 약하면 어드레스 때 전경자세를 취할 수가 없으며 설령 어드레스 자세를 취했다 해도 임팩트까지 그 전경자세를 유지할 수가 없게 된다.

또한 하반신에서 생긴 파워를 최종적으로 클럽 헤드에 전해주기 위해서도 하반신과 클럽(팔)을 연결하고 있는 몸통이 탄탄하지 않으면 안 된다.

몸통은 매 동작의 순간마다 축인 동시에 하반신과 연동해서 상체를 꼬아줄 때의 엔진 역할도 담당하고 있다.

앞에서 테이크백은 복근과 배근을 사용한다고 말했지만 역으로 말

▶ **몸통을 단련하는 운동**

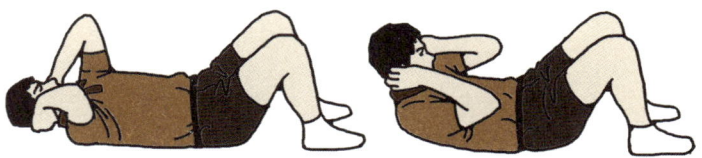

배꼽을 보듯이 상체를 일으킨다. 동작을 너무 크게 할 필요는 없다.

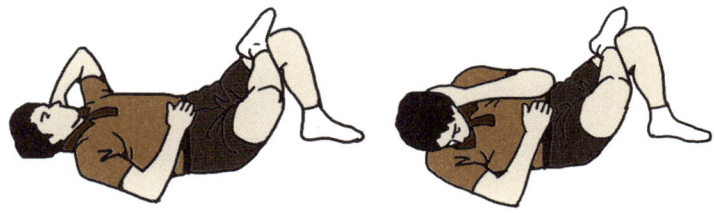

응용으로서 상체를 일으킬 때 몸통을 비틀어 준다.

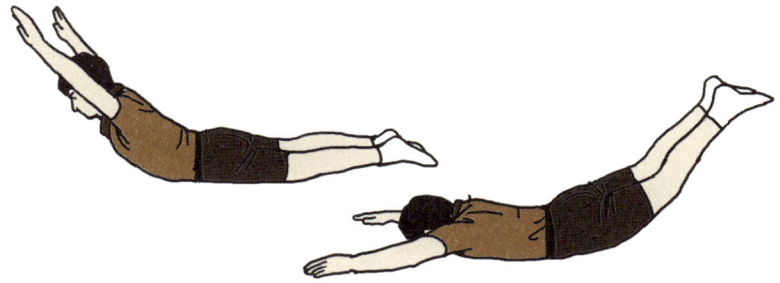

양팔을 펴고 상반신과 하반신을 교대로 흔들어 준다.

\*무리하지 말 것

하면 그저 손으로만 올려 버리는 골퍼는 몸통이 약한 것이 원인인 경우가 많다.

 몸통을 단련하는 전통적인 방법으로 복근운동(크런치)이 있다. 바닥에 위를 향해 누워 양 무릎을 구부리고 양손을 목 뒤로 잡은 후 그 자세에서 배꼽을 보듯이 상체를 견갑골이 바닥에서 떨어질 정도로 일으킨다. 또한 응용동작으로 상체를 일으킬 때 몸통을 좌우로 한 번씩 교대로 꼬아 주어도 좋다.

 배근운동을 위해서는 바닥에 납작 엎드리고 양팔을 쭉 편 후 앞페이지의 세 번째 그림과 같이 상반신과 하반신을 번갈아가며 흔들어 준다. 처음엔 힘이 들므로 절대 무리는 하지 말아야 한다. 특히 등을 너무 일으키면 허리에 통증을 주기 쉬우므로 주의해야 한다.

# 고관절의 유연성이 중요함을 이해하자

〈 체중이동의 중심 〉

골프 스윙에는 실제로 많은 관절이 사용되지만 무엇보다 중요한 역할을 담당하는 것이 고관절이다.

우고관절이나 주변의 근육에 유연성이 있으면 백스윙 시 상체를 크게 비틀어 주며 축이 무너지지 않게 하고 파워를 모아주기까지 한다. 마찬가지로 좌고관절과 주변 근육의 유연성은 임팩트부터 팔로우에 이르기까지 허리를 돌려주고 체중이동을 부드럽게 해 준다.

고관절이 경직된 골퍼는 상체를 잘 비틀어 주지 못할 뿐 아니라 손으로만 치기 쉽게 되고 팔로우 시 좌측으로 체중이 이동되지 못하고 상체를 일으켜 버리게 된다.

이렇듯 골퍼의 생명이라고 할 고관절을 유연하게 해 주고 주변 근육을 강화시켜 주는 아주 좋은 방법이 뒤 페이지의 그림 B와 C 같은

▶ 밸런스가 좋은 스윙을 하려면

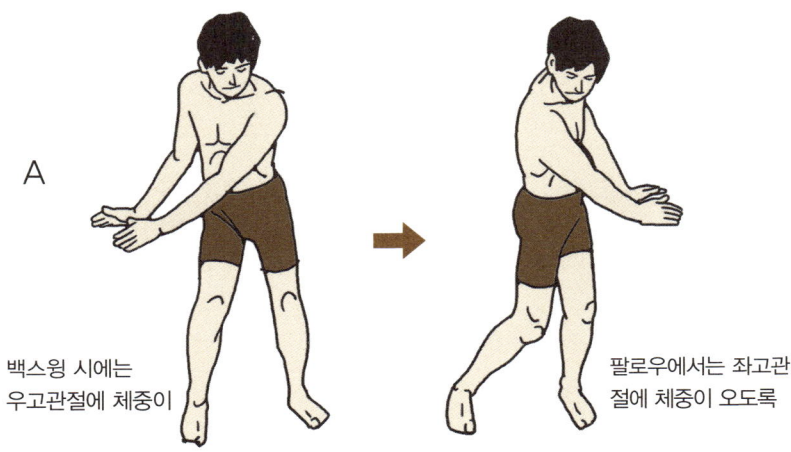

A

백스윙 시에는
우고관절에 체중이

팔로우에서는 좌고관
절에 체중이 오도록

'허리운동'이다.

　넓적다리를 벌리고 발끝을 가능한 바깥으로 하고 허리를 숙인다. 손바닥으로 양 무릎을 짚고 천천히 바깥으로 여는 것같이 힘을 가해 준다.

　포인트는 발뒤꿈치 사이의 바로 위에 머리가 오도록 하는 것으로 천천히 숨을 쉬어가며 서서히 고관절을 넓게 해 주고 멈춘 상태에서 5초간 지속토록 한다.

　이 허리운동의 일환으로 그 자세에서 어깨를 교대로 안쪽으로 밀어 넣어 주는 스트레칭도 좋다. 목욕 후 집에서 매일 하면 놀랄 정도로 고관절이 유연해진다. 라운드 시에도 스타트 전이나 피로해지는

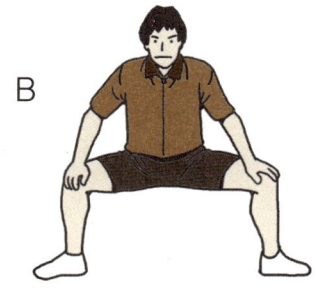

허리운동은 천천히
힘을 가해 준다.

어깨를 안쪽으로 밀어
넣어주는 스트레칭

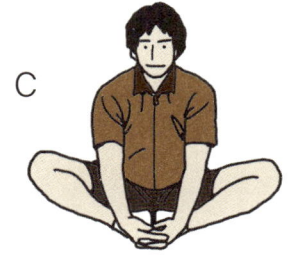

양발바닥을 모아 숨을
내뱉으며 천천히
상반신을 굽혀 준다.

후반에 해 줄 것을 권한다.

또 하나는 양발바닥을 붙이고 앉아서 발이 떨어지지 않도록 해서 상반신을 굽히는 스트레칭이다. 숨을 토해 내면서 천천히 상반신을 굽혔다가 다시 펴 준다. 가능한 발뒤꿈치를 엉덩이 가까이에 붙이면 더욱 효과적이다. 처음에는 몸이 경직되어 있어 통증을 느끼는 사람도 있으나 가능한 매일 해 주면 뛰어난 효과를 볼 수 있다.

# 그립은 어떻게
# 쥘 것인가

〈 감각을 갈고 닦자 〉

그립은 보통 스트롱, 뉴트럴, 위크의 3종류가 있다.

스트롱은 훅그립이라고 할 정도로 훅이 나기 쉽고 위크는 슬라이스가 나기 쉬우나 3개의 그립 중 어느 것이 좋은가는 어떤 스윙 플레인을 생각하고 있는가에 따라 달라진다.

스트롱 그립은 스윙 플레인이 플랫(낮다)하기 때문에 드라이버나 롱 아이언 등의 롱 게임용이다. 한편 위크 그립은 스윙 플레인이 업라이트(높다)하기 때문에 어프로치 등의 숏 게임용이다. 실제 프로골퍼 중에는 샷의 내용에 따라 그립을 바꾸는 사람도 있다.

그립에 관해서는 이밖에도 손바닥으로 쥐는 형인지 손가락으로 쥐는 형인지, 그립 프레셔(쥐는 강도)가 어느 정도인지 또는 그 강도는 스윙 중 변하는지 아닌지 등에 따라 많은 이론이 있다. 대충 말하자면

'손가락으로 천천히 쥐고 그 강도는 일정하게'라고 말하는 이론이 우세하지만 그 차이는 미묘하다.

예를 들면 '천천히 쥔다'고 해도 그 강도에 관해서는 '10단계 중 1'이라는 프로가 있는가 하면 '3~4'라는 프로도 있다. 또 어떤 골퍼는

▶ **그립을 쥐는 법**

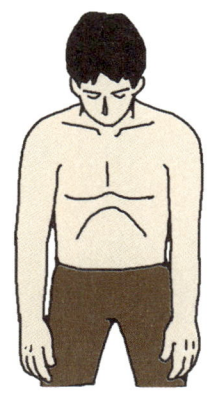

① 양팔에 힘을 빼고 축 늘어뜨린다.

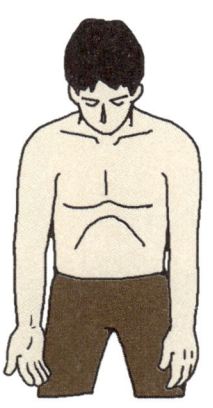

② 왼 손등의 방향을 바꾸지 말고 클럽을 쥔다(왼손 그립의 완성).
오른 팔꿈치를 내리고 오른손바닥이 왼손바닥과 평행이 되도록 맞추고 왼손에 겹친다(그립의 완성).

'10단계 중 1'로 쥐고 있어도 또 다른 골퍼에게는 '10단계 중 3'이라고 느껴질지도 모른다.

    결국 그 차이는 감각의 문제이다. 골퍼에 따라 손의 형태나 손가락의 길이, 악력 등이 다 다르므로 각자가 여러 시도를 해 보면서 자신에게 최선인 그립을 발견할 수밖에 없다.

# 골프가 잘 되게 하는
# '걷기 방법'은

〈 그 의외의 효과 〉

　최근 카트를 도입하고 있는 코스가 늘고 있는데 카트를 타게 되면 체력이 떨어질 뿐만 아니라 골퍼에게 필요한 밸런스 감각과 감성도 기를 수가 없다.

　인간은 전신의 근육을 균형있게 사용하며 걸어간다. 특히 균형이 요구되는 골프에서 걷는다는 것만으로 스윙이 잘 되게 하는 효과가 있다.

　또 걷는 것으로 스윙 리듬과 골프에 필요한 '간격(사이)'을 만들어 주는 것이 가능하다.

　카트에 타고 볼이 있는 곳으로 다가가 조금 걷고, 치고 나서는 다시 카트로 돌아와 그린으로 가는 것은 결코 좋은 리듬이 생겨나기 어렵다.

그래서 여기서는 좀 더 골프가 잘 될 수 있는 걷는 법을 소개한다.

먼저 자세이다. 가슴을 펴고 척추는 세우고 골반을 조금 앞으로 한다. 허리의 위치를 높게 유지하려는 의식을 갖는 것이 핵심이다.

걸을 때에는 팔을 뒤로 휘두름으로 골반이 연동해 움직여 부드럽게 발이 나가는 감각을 가지도록 하자. 발뒤꿈치로 착지하면서 발바닥 전체를 사용해 체중을 엄지발가락에 보내 마지막으로 발전체로 지면을 움켜쥐는 듯이 나아간다.

▶ **걸을 때 신경 써야 할 포인트**

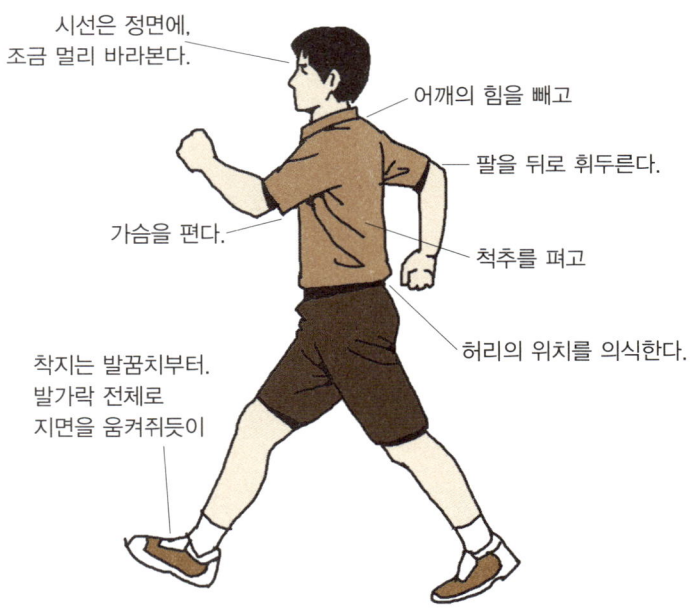

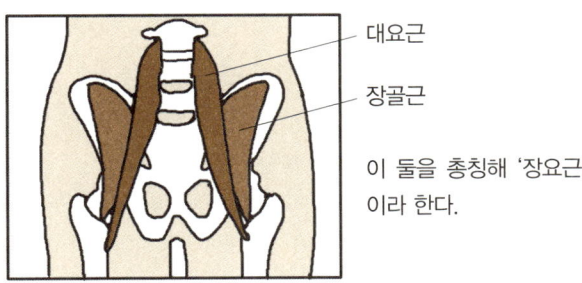

이런 걷는 방법이라면 확실히 지금까지 보다는 보폭이 넓어질 것이다. 발바닥에 체중이 실려 있는 시간이 길어지기 때문에 다음의 일보가 지금보다 수 cm 앞으로 나아간다.

보폭이 넓어지면 골반 주변에 있는 장요근이 펴지고 고관절의 움직임에 여유가 생긴다. 결국 바른 자세로 걷는 것은 고관절을 스트레칭해 주는 것과 같은 효과가 있다.

또한 걷는 법이 리드미컬하게 되면 불필요한 동작이 없는 만큼 생각보다 피곤해지지 않게 되는 것을 알 수 있다. 골프 스윙이 잘 될 뿐만 아니라 평상시 자세도 좋아지는 것은 물론이다.

# 간단하게 할 수 있는
# 골프 트레이닝

〈 일상생활의 습관 〉

　지금까지 읽어 주신 독자들은 골프가 잘 되기 위해서는 어느 정도의 근력과 몸의 유연성이 중요하다는 것을 이해하였으리라 생각한다.
　그렇다면 빨리 스포츠센터에 가서 운동하는 것도 괜찮은 일이지만 그럴 돈과 시간이 없는 사람은 일상 생활에서 가능한 다음과 같은 트레이닝을 해 보는 것은 어떨까.
　골프가 잘 되는 것은 물론 일에서의 활력도 점점 솟아날 것이다.

### 〈아침〉
**눈을 뜨면 이부자리에서 스트레칭**
앞 페이지(85p)에서 소개한 고관절 스트레칭을 해 보기 바란다.
94p 오른쪽 그림처럼 몸통의 유연성을 높이는 스트레칭도 좋다.

이 스트레칭은 만성적인 요통에 시달리는 사람에게도 효과가 있다.

**양치질을 하면서 한쪽 발로 선다.**

골프에 없어서는 안 되는 균형감각을 기르기 위한 트레이닝으로 좌우 발을 교대로 올려 한 발로 선다. 익숙해지면 한쪽 눈을 감고 한 발로 서 본다.

**화장실에서 스쿼트**

화장실에서 좌변기에 앉지 말고 허리를 세운다. 처음에는 30초로 OK. 점점 시간을 연장해 본다.

〈통근/통학〉

**가방을 좌우 손으로 번갈아가며 든다.**

효과는 101p에서 소개할 왼손으로 하는 연습 스윙과 같다. 오른손잡이 프로골퍼 중에는 식사 때 젓가락을 왼손에 쥐고 왼손의 감각을 키운다는 사람이 있다.

**지하철 손잡이를 잡지 않는다.**

손잡이를 잡지 않고 서 있으면 밸런스 감각을 키울 수 있을 뿐만 아니라 하반신 근육 훈련도 된다. 한쪽 발로 설 수 있다면 상당한 수준에 이른 것이다.

**계단을 오를 때는 두 칸씩**

역에서는 에스컬레이터를 타지 말고 계단을 뛰어오르자. 한 칸씩 건너뛰는 것도 좋다.

〈사무실〉

**개인용 컴퓨터를 향한 자세에 요주의**

퍼스컴을 쓸 때 항상 고양이 등이 되기도 하고 다리를 꼬기도 하지 않는가? 일상생활의 자세는 골프의 어드레스에 그대로 나타난다.

항상 배근을 펴고 두 발은 바닥에 똑바로 내려 두도록 하자.

▶ 집에서, 사무실에서 손쉽게 가능한 트레이닝

보통 사용하는 오른손 대신 왼손으로 가방을 들어 본다.

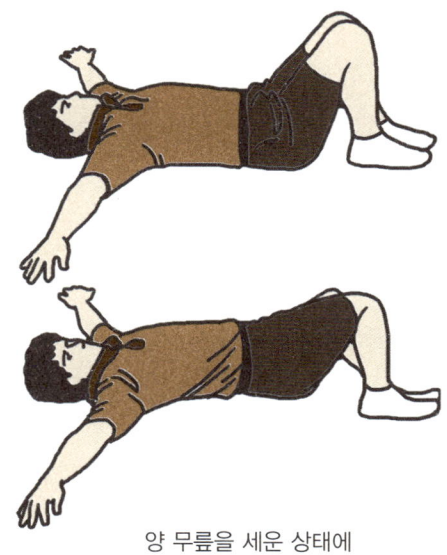

양 무릎을 세운 상태에서 좌우로 뒤집는다.

### 〈집에 돌아온 후〉

#### 소파 대신에 밸런스 볼

거실에서 TV를 볼 때에는 소파 대신에 밸런스 볼에 앉아 보도록 하자. 앉는 것만으로도 고관절 스트레칭이 된다. 엉덩이를 전후좌우로 흔들면 골반 주변 근육의 스트레칭이 된다.

#### 목욕할 때 등 세척은 손으로만

등을 씻을 때에는 타올을 사용하지 말고 손으로만 씻어보자. 이것만으로도 어깨관절의 가동범위가 넓어져 스윙아크가 커지게 된다.

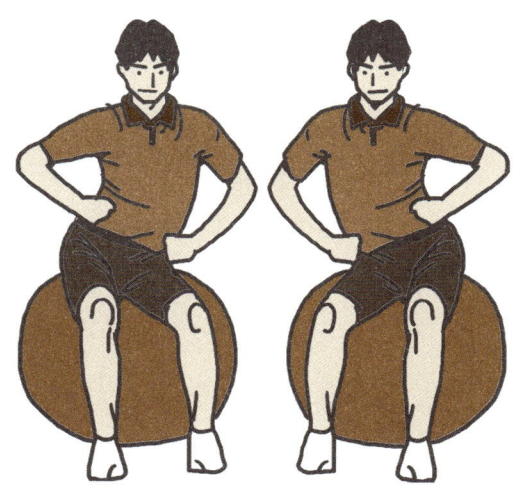

집에서는 소파에 앉는 대신 밸런스 볼에 앉아 허리를 전후좌우로 움직여 본다.

## 골퍼의 요통은 과연 숙명인가

⟨ 잘못된 스윙의 폐해 ⟩

골퍼를 괴롭히는 몸의 불편을 말한다면 무엇보다도 요통이 제일 먼저이다. 프로들 중에는 요통이 원인이 되어 어쩔 수 없이 은퇴한 골퍼도 적지 않다. 아마추어들도 클럽을 휘두르지 못할 정도의 중증인 사람부터 왠지 모르게 허리에 불편함이 있는 사람까지 요통이 있는 사람은 실제로 엄청나다.

골퍼에게 요통환자가 많은 것은 골프 스윙이 허리(요추)를 비트는 운동이기 때문인데 이 요추란 것은 그 자체가 그다지 큰 가동범위를 갖고 있지 못하다.

그래서 요추의 뒤틀림이 과도하게 되면 아무래도 부담이 되어 요통이 생기는 것이다.

그렇지만 요통이 모든 골퍼의 숙명인가 하면 그렇지는 않다. 잘못된 스윙이나 버릇 때문에 요통이 오기 쉬운 골퍼와 잘 오지 않는 골퍼가 있는 것이 사실이다.

예를 든다면 요통이 오기 쉬운 사람은 이런 타입이다.

### 어드레스가 고양이 등

어드레스 자세가 고양이처럼 등을 지나치게 세우는 경우에는 백스윙이 힘들어진다. 그럼에도 불구하고 허리를 비틀면 허리에 부담이 간다.

### 스윙이 리버스피봇(반대 축)

리버스피봇이란 백스윙부터 톱에 걸쳐 체중이 왼발에 놓여 축이 왼쪽으로 기울고 팔로우로부터 피니쉬까지는 반대로 축이 오른쪽으로 기울어져 버리는 증상으로, 허리가 수평회전하지 못하고 좌우가 바뀌어 버리기 때문에 허리에 큰 부담이 간다.

### 스윙이 컷트 타법

스윙이 컷트 타법인 골퍼(슬라이서)는 팔로우 시 오른쪽 어깨가 내려가기가 쉽다. 이렇게 되면 허리의 축이 무너져 부담이 가게 된다. 허리가 수평으로 회전되면 그렇게 쉽게 통증이 오지 않는다.

▶ 이런 타법이 요통을 부른다

**어드레스가 고양이 등**
불편한 자세임에도 불구하고 허리의 회전으로 치려고 하기 때문에 부담이 간다.

**스윙이 역 피봇**
허리가 잘 회전되지 않고 좌우로 쏠려 버리기 때문에 부담이 간다.

**스윙이 커트 타법**
팔로우 시 오른쪽 어깨가 내려가 허리도 같은 모양으로 돌아 부담이 간다.

**피니쉬가 역C자형**
허리가 과도하게 돌아가는 형으로 부담이 간다.

### 피니쉬가 역C자형

I자형이면 상체와 허리가 수평으로 회전하고 있는 것이기 때문에 허리에 부담이 가지 않는데 피니쉬가 역C자형이 되면 너무 허리가 돌아가 있다는 것으로 허리에 많은 부담을 준다.

요통을 방지하기 위해서는 '올바른 스윙'을 마스터하는 것이 중요하다. 그러나 스윙 자체에는 문제가 없어도 항상 풀스윙만을 고집하는 골퍼와 너무 지나치게 연습에 몰두하는 골퍼는 아무래도 허리에 부담이 가게 된다.

그런 사람은 몸통을 단련하여 고관절을 유연하게 해두어야 한다. 허리는 몸통의 근육에 의해 지탱되고 있기 때문에 몸통의 근육을 단련하면 허리의 부담이 그만큼 적어지게 된다.

또 허리를 비트는 움직임은 고관절의 역할이라 스윙 때 허리가 돌아가 버리는 것은 이 고관절의 유연성이 없기 때문이다.

앞 페이지(85p)에서 소개했던 스트레칭을 매일 실시하면 요통방지에 큰 도움이 된다.

# 연습할 때 '왼손으로 쳐 보기'를
# 권하는 이유

〈 몸의 왜곡을 바로 잡자 〉

　카타야마 프로가 라운드 중 자주 하는 '왼손으로'의 연습 스윙이 있다. 지금은 이시카와 료를 비롯해 남녀를 불문하고 많은 프로골퍼가 연습 메뉴의 하나로 실시하고 있으나 이것은 단지 트러블 샷만을 위한 연습이 아니다.
　왼손으로 연습 스윙을 하면 실제로 그런 샷을 해야 할 때의 성공률이 높아지는 것은 사실이겠지만 이 연습은 사실은 스트레칭의 하나로 해야 한다.
　골프 스윙은 일상 생활에서 사용하지 않는 근육을 쓰게 만든다. 그것도 좌우 어느 쪽에든 편중된 경우가 거의 대부분이다. 이래서는 한쪽 편의 근육과 관절에만 부하가 걸리기 때문에 언제 근육에 통증이 올지 알 수 없다.

더구나 항상 한쪽 방향으로만 움직임을 반복하게 되면 골반이 비뚤어지거나 손발의 길이가 달라질 수도 있다.

그래서 왼손으로 연습함으로써 좌우의 근육과 관절을 균형있게 사용하여 몸이 틀어지는 것을 방지한다.

구체적으로 말하면 오른손잡이의 골퍼인 경우 백스윙에서 특히 우측 외복사근과 좌측 내복사근이 늘어나고 팔로우에서는 반대로 좌측 외복사근과 우측 내복사근이 늘어나게 되어 있다.

얼핏 보면 좌우의 복사근을 균형있게 사용하고 있는 것처럼 생각되지만 좌우의 근육에 걸리는 부하가 다르다.

실제 골퍼에 따라 우측 배근이 발달한 사람이 있는가 하면 좌측 배

▶ '왼손잡이' 연습 스윙의 효용

우측으로만 부하가 걸려 있던
근육과 관절의 균형을 정돈하여
비틀어진 몸을 바로잡아준다.

근이 발달한 사람도 있다. 좌우의 배근에 같은 양의 부하가 걸리는 일은 없다.

그래서 때때로 왼손 연습을 함으로써 그다지 쓰지 않는 근육을 사용, 좌우의 균형을 취하려고 하는 것이 이 트레이닝의 목적이다.

라운드 중뿐만이 아니고 연습 때에도 오른손을 계속 사용한 후 쿨다운(정리)의 의미도 겸해 왼손으로 연습해 보는 것을 권하고 싶다.

# 근육을 단련하면 골프가 잘 되는 것일까

〈 잘못된 단련법 〉

　데이비드 듀발, 1999년 그때까지 세계 랭킹 1위였던 타이거 우즈를 제치고 세계 제일이 되었던 남자이다. 그런데 타이거의 라이벌로 불린 것이 불과 1~2년뿐 듀발은 시합에서 승리하지 못하게 되고 드디어는 예선탈락까지 거듭하다 수년 만에 세계 랭킹 300위까지 떨어져 버리고 만다.
　그 이유로 지적되는 것이 과도한 근육 트레이닝과 다이어트이다.
　타이거의 등장으로 인해 미국 프로골프는 '장인(기교)으로서의 골프'에서 '운동선수(힘)에 의한 골프'로 확 바뀌었다. 그런 흐름에 늦지 않게 편승하기 위해 듀발은 근육운동과 다이어트에 매진하여 한때는 인상마저 변할 정도로 변신하는 듯했으나 이것이 스윙에 악영향을 끼치게 되었다.

골프 스윙은 상반신과 하반신의 균형이 대단히 중요한데 잘못된 근육운동을 하면 그 균형이 무너질 수 있다. 하반신과 몸통을 단련하는 것은 좋으나 상반신까지 근육질의 몸매가 되어 버리는 것은 그야말로 팔의 힘에 의존하는 스윙이 되기가 쉽다. 지금까지 없었던 근육이 만들어지면 헤드스피드가 지나치게 빨라져 자신의 감각과는 달라질 수밖에 없다. 그래서 임팩트의 타이밍이 미묘하게 틀어져 버린다.

몸의 유연성에 있어서도 그 목적은 관절의 가동범위를 늘려주는 것에 있다. 그러나 지나치게 되어 흐늘흐늘한 몸이 되면 스윙의 축이 불안정해지는 경우도 있다. 개중에는 지나친 스트레칭으로 허리에 통증이 오는 사람도 있으니 이것은 본말이 전도되어 버린 경우이다.

▶ 골퍼가 단련하여야 할 3가지의 근육

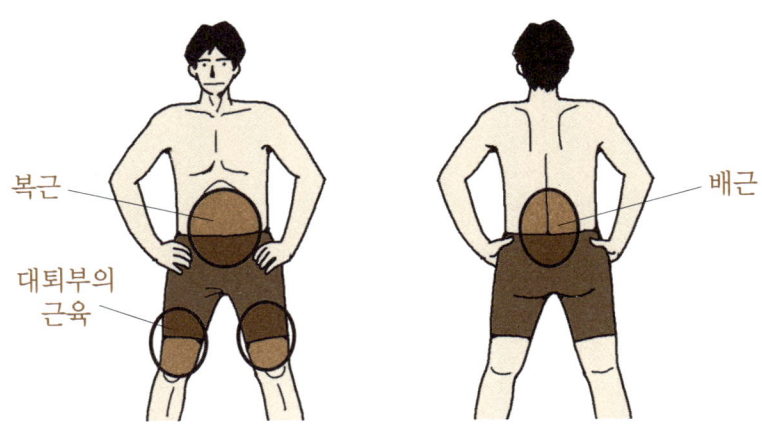

3가지의 근육은 아무리 단련하여도 '지나치게 단련하였다'라고 할 수 없다.

또 골프는 손목 힘이 강한 것이 좋다고 해서 손목 관절만 단련하려고 하는 것도 해가 되는 경우가 많다. 하나의 관절만 단련하는 것도 의미가 없지만 스윙의 흐름을 끊어 버릴 수 있다. 골프를 위한 트레이닝은 결국 한마디로 말해 '밸런스'가 중요하다. 이것은 스윙도 마찬가지이다.

보통의 아마추어골퍼들은 일단 코스에 도착하면 충분히 스트레칭을 하고 라운드 중에는 카트를 타지 말고 빠른 걸음으로 걷는 이런 일부터 시작해 보면 어떨까. 차츰 몸 상태가 갖추어지면 런닝과 복근, 스쿼트 등의 근육 트레이닝을 매일 반복하여 진행한다. 이렇게 하면 당신도 멋진 근육질 골퍼가 될 수 있다.

# '기분 좋은 스윙'을
# 몸에 익히기 위해서는

〈 근력과 유연성 〉

나이스샷이 나왔을 때의 감각을 문장으로 표현하면 아마 이런 기분은 아닐까.

"이상하게도 힘이 들어가지 않고 몸의 회전과 동시에 클럽 헤드가 자연스럽게 낙하했다. 볼은 그야말로 스윙 궤도상에 있는 것 같고 볼을 쳤다는 느낌도 없다. 그저 몸이 부드럽게 돌고 거기에 팔과 손과 클럽이 연결된 것만 같다. 실제 손에는 어떤 충격도 없고 무엇인가 부족한 것 같은 기분이다. 그러나 정신을 차려보면 의식하고 있지 않은데도 클럽은 당연히 피니쉬의 위치를 취하고 있다. 그리고 피니쉬의 형태를 쭉 유지하며 생각했던 구질대로 날아가는 볼을 지긋이 바라본다……."

이때의 기분을 한마디로 말하면 "아아, 기분 좋아!"이다.

나이스샷 때의 스윙이란 옆에서 보고 있어도 힘이 들어간 것 같은 느낌은 그다지 없어 보인다. 그저 축이 움직이지 않고 전체의 움직임에 헐거움이 없으며 날렵하게 몸이 회전하여 잘 마무리되어 보인다.

왜 "기분이 좋다"인지를 말한다면 몸의 모든 부분이 어디에도 부담이나 막힌 듯한 감이 없이 완벽한 타이밍으로 매끄럽게 연결되었기 때문이다.

그러나 스윙 중에 한군데라도 쓸데없는 힘이 들어가면 스윙은 엉망이 된다. 엉망까지는 아니더라도 적어도 "기분이 좋다"라고는 생각할 수 없다. 어딘가 위화감이 있기 때문이다.

▶ '기분 좋은 스윙'이란

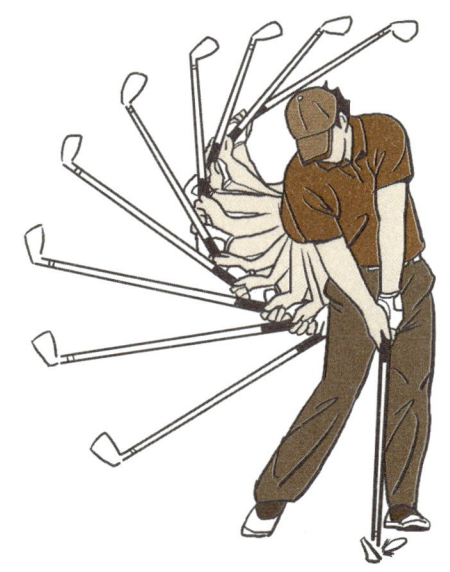

쓸데없는 힘이 들어가지 않고 몸이 부드럽게 회전하여 전체의 움직임이 자연스러워 보인다.

자동차 운전으로 말한다면 조용하게 커브에서 가속해 가며 돌아나오는 데 기어 변속의 타이밍이 잘못되거나 핸들을 지나치게 돌려 지그재그로 달려 버리고 말았을 때의 불쾌감과 비슷하다.

정말로 '기분이 좋은' 스윙이란 자주 할 수 있는 것은 아니지만 적어도 골퍼라면 이런 스윙의 재현성을 높이는 것을 목표로 해야 한다.

물론 '골프는 결과가 최고'여서 기분 좋지 않은 스윙만을 계속하는 날도 무난한 스코어로 마무리하는 것이 진짜 노련한 골퍼일 것이지만 "골프를 쳐서 행복했다", "앞으로도 계속 골프를 치고 싶다"는 생각이 드는 것은 역시 '기분 좋은' 스윙이 가능해질 때가 아니겠는가.

'기분이 좋은' 스윙을 하기 위해서는 최소한의 근력과 몸의 유연성이 필요한 것은 이미 잘 이해하였으리라 생각한다. 이제는 당신이 그렇게 되기 위해 노력하는 일만이 남았다.

# 3장

이번만은 절대 무너지지 않는

## 멘탈의 과학

실수의 원인을 알면
라운드 중 '과연' 하고
**감탄하는 심리학**

## 프레셔가 미스샷을 부르는
## 3가지 이유

〈 긴장회피의 지혜 〉

　골프만큼 '프레셔(심리적 부담)'란 단어를 많이 사용하는 스포츠는 없다. 예를 들면
- 스타트 홀에서 '티 샷을 잘 칠 수 있을까' 하는 심적 부담.
- 그린 바로 앞의 연못을 보고 "연못에 들어가지 않게 쳐야지" 하는 부담감.
- '이번 홀을 파로 마무리하면 베스트 스코어'라는 부담 등 골프란 정말로 프레셔와의 싸움이다.

　그래서 멘탈 트레이닝의 전문가는 '프레셔를 없애는 방법'을 가르쳐 주고 있으나 아무래도 대부분의 아마추어들은 프레셔를 제로로 하기는 어려우며 더구나 즐기는 경지에 이르는 것은 좀처럼 불가능한 일이다.

이럴 땐 프레셔를 느끼고 있는 것을 깨끗하게 받아들이고 평상시와 어떻게 스윙이 변하는지를 알아 두면 좀 더 현명하지 않을까.

위험한 징조를 사전에 간파해 두면 미스샷의 확률이 줄어들고 오히려 프레셔를 '즐기는' 마음이 된다.

아래는 프레셔를 느끼고 있는 골퍼에게 많이 보이는 스윙의 변화들이다.

### 1) 그립을 세게 쥔다

프레셔를 느끼는 골퍼는 신체의 말단부터 '원기가 빠져나가는 듯한' 상태가 되어 손의 감각이 없어지게 된다. 그래서 보다 단단히 그

▶ **프레셔, 어떻게 대처할 것인가**

'프레셔(심리적 부담)를 느꼈을 때의 자신'을 알고 있으면 실제 긴장이 엄습할 때도 대응책을 강구할 수 있다.

립을 쥐려고 해 필요 이상으로 세게 쥔다. 그립을 세게 쥐면 아무래도 팔 → 어깨에 힘이 들어가 나이스샷을 기대할 수 없다.

프레셔가 있다고 생각되면 크게 숨을 쉬고 어깨의 힘을 빼고 그립을 부드럽게 잡아야 한다.


### 2) 성급한 가격

프레셔의 정체는 '실패할지도 모른다'는 공포심이다. 그래서 '빨리 이 공포심에서 벗어나고 싶다' '빨리 결과를 보고 싶다'는 생각이 들어 결과적으로 어깨의 회전이 충분치 못한 상태에서 성급한 가격이 가해진다.

프레셔를 느끼는 때야말로 평상시 자신의 리듬 템포를 의식해 상체를 천천히 그리고 충분히 돌려주는 것만을 생각해야 한다.


### 3) 부정확한 가격

골프 스윙은 어떤 경우라도 헤드가 가속되어지는 상태에서 임팩트가 이루어지지 않으면 안 된다.

그런데 프레셔를 느끼면 임팩트 전에 헤드가 감속되어 버리고 마는 일이 있다. "볼을 잘 맞추지 못하지는 않을까"란 불안감 때문에 '맞추려고만' 하는 것에 온 신경을 집중한다.

그저 평상시대로 피니쉬에서 클럽을 끝까지 휘둘러 주는 것만 의식하고 평소 같은 스윙을 하면 볼은 정확히 맞아 주는 데 불안해지면 프로라도 미스를 저지를 수밖에 없다.

그런데 1)~3)은 실은 거의 동시에 일어난다. 그러므로 프레셔를 느끼는 때에는 "그립을 부드럽게 쥐고 확실하게 상체를 비튼 후 성급히 가격하지 말고 피니쉬까지 클럽을 휘둘러 준다"는 생각만 하도록 해야 한다.

결과는 신경 쓰지 말고 미스샷을 했다고 죽는 것도 아닌데-이런 열린 마음으로 프레셔를 없애는 것도 중요하다.

▶ **프레셔에 의한 미스를 방지하는 요령**

프레셔를 자각하면……

크게 숨을 들이쉬고
어깨의 힘을 빼고
그립을 부드럽게 잡는다.

자신의 리듬과 템포를 생각해 내고
상체를 천천히 회전시킨다.
피니쉬까지 클럽을 휘둘러 주는 것
을 의식하면서.

# 감정의 기복 없이
# 18홀을 돌 수 있을까

〈 기분의 반전 〉

골프 라운드 시 감정의 기복은 없으면 없을수록 좋다.

미스를 한 클럽을 내려친다든지 롱 퍼트가 들어가면 멋진 포즈를 취하는 등 프로라면 그렇게 함으로써 기분이 살아 스코어를 관리할 수도 있지만 아마추어들은 그런 흉내를 내지 말고 가능하면 감정을 일정하게 하는 편이 스코어 관리에 도움이 된다.

영국의 허드슨과 워커라는 두 심리학자가 매치플레이 시합에 출전한 대학생 골퍼를 면접 조사했더니 상위 선수는 다음과 같은 '기분'을 일관되게 유지하고 있는 것을 알게 되었다.

- **목표지향**

무언가를 달성하고 싶다는 적극적인 기분.

• 순응적 태도

모든 사람이 추구하는 가치를 자신도 추구한다는 솔직한 기분. "스코어 따위는 아무래도 좋아"라는 가식적인 태도는 보이지 않는다.

• 자기지향

좋은 결과도 나쁜 결과도 자신의 책임이라고 인정하는 태도.

다만 이런 모범적이라고 말할 수 있는 기분도 한 번의 OB나 언플레이어블 같은 불운에 의해 "에이, 이제부터는 연습 라운드다"라는 생각으로 아예 라운드를 망쳐 버리는 경우도 있을 수 있다.

더욱 흥미 있는 것은 이런 기분의 반전은 좋은 플레이를 하고 있을

▶ '분노'는 또 다른 미스를 부른다

분노도 기쁨도 '순간'으로 끝내고 곧 기분 전환하는 것이 중요하다.

때에도 일어난다는 사실이다. 하나는 모범적인 골퍼인 체하는 것에 싫증이 났을 경우이며 또 하나는 "언제까지 이런 좋은 골프가 계속될 수는 없어"라고 불안해하는 경우와 반대로 행운을 시험해 보려고 모험을 하는 케이스이다. 어느 경우에도 기분이 반전된 순간부터 그 골퍼의 플레이는 엉망이 되어 연속해서 보기나 더블을 범하게 된다.

달리 말하면 라운드 내내 같은 기분을 유지한다는 것은 어려운 일이다. 타이거 우즈가 화를 낸다든지 과장된 포즈를 취하는 것은 실은 그렇게 함으로써 일시적으로 고양된 기분을 토해 내어 가능한 빨리 평정으로 돌아가려는 방책이다.

언제까지 화를 내고 있다든지 기쁨에 빠져 있다든지 하게 되면 그것만으로도 평상시의 플레이가 가능할 리가 없다.

# '죽어라 하고 노리면'
# 집중력이 올라간다

〈 함정에 빠지는 이유 〉

골프는 양궁, 사격 등이 그렇듯이 타깃 스포츠로 '표적을 응시하는 것'으로부터 시작된다.

프로골퍼와 아마추어골퍼의 눈에 초점 위치를 조사하는 아이카메라를 붙이고 그린을 노릴 때 어디를 보고 있는가를 실험한 일이 있다.

그것에 의하면 프로의 눈은 '그린 위 볼이 떨어질 곳'에 초점이 놓여진 반면에 아마추어의 시선은 '그린 위만이 아니고 벙커나 좌우 러프'를 왔다 갔다 하고 있었다. 그렇더라도 마지막에는 '볼이 떨어질 곳'에 시선이 머무르면 좋겠지만 그 시간조차도 충분히 갖지 못한 채 스윙을 시작하는 것을 알 수 있었다. 이래서는 그린에 올리는 것도, 더 나아가 핀에 휘감기듯이 붙이는 샷을 기대하는 것도 우연의 산물일 수밖에 없다.

그러면 왜 아마추어는 볼의 낙하지점을 응시하지 않는 것일까? 그것은 벙커나 좌우의 러프가 신경이 쓰이기 때문이다.

즉 이때의 아마추어골퍼의 의식은 '그린의 저곳을 노리자'가 아니고 '그린 앞의 벙커에 들어가지 않게 하자'가 되는 경우가 대부분이다.

물론 프로도 그린을 겨냥할 때 '보내서는 안 될 곳'은 반드시 체크해서 최악의 경우에도 그런 곳에 볼이 가지 않을 구질로 칠 방법을 생각한다.

그러나 한 번 대책을 강구하게 되면 그 다음은 볼의 낙하지점에 집중할 뿐이다. 극단적으로 말하면 그 단계에서는 프로의 시야로부터 벙커나 좌우 러프는 사라지게 되는 것이다.

▶ '표적'을 노리고 있는가

카메라의 렌즈를 좁히는 것처럼
한 점에 타깃을 맞춘다.
목표가 대강이면 집중력도 떨어져
스윙도 어중간해진다.

톰 카이트와 벤 크렌쇼를 육성한 스승으로 알려져 있는 하비 페닉의 명언에 'Take dead aim'라는 것이 있다. 이것은 그린을 노린 샷이라면 '그린 정중앙'이란 대강의 조준점을 정하는 것이 아니고 "핀 뒤편 3야드에 떨어뜨려 백스핀으로 되돌아오게 한다"와 같은 타깃을 아주 세밀하게(죽어라 하고) 노린다는 의미이다. 왜냐하면 확실하고 구체적인 표적을 노려보아야만 비로소 스윙에 필요한 집중력이 용솟음치게 되기 때문이다.

실제로 그렇게 작은 표적에 볼을 보낼 수 있을지 없을지는 관계가 없다. 프로든 아마추어든 골프에 있어서의 최종적인 표적은 직경 108mm의 컵이며 이곳을 노리지 않고서는 이미 골퍼라고 말할 수 없다.

## 미스샷의 연발을 부르는
## 심리적 이유

〈 자제의 골프 〉

'벙커에서 벙커로' '러프에서 러프로'란 말이 있듯이 골프에서는 이런 '미스샷의 연발'이 자주 일어난다.

이유로 자주 거론되는 것이 '무리를 해서'이다. 깊은 러프에 있는 볼을 무리하게 치면 볼은 러프를 이기지 못하고 그린 앞의 어려운 벙커에 들어가 버리곤 한다. 그래서 이런 때에는 무리하지 말고 아예 페어웨이로 빼내어 그곳에서 그린을 노리도록 하는 것이 대다수 고수들의 가르침이다.

미스샷의 연발을 방지하기 위해서는 실패는 누구에게도 있는 것이라고 솔직하게 받아들이고 페널티를 지불한다고 생각하고 무리하지 않는 것이다. '무리를 하는 것'은 무리가 더 이상 무리가 아닌 기량을 갖추었을 때부터이다.

또한 전 홀에서 더블이나 보기를 했다면 바로 파나 버디를 노리는 골퍼가 있으나 이것도 미스샷의 연발을 부르기 쉽다. 더블이나 보기를 저질렀다는 것은 샷의 타이밍이 맞지 않았다든가 혹은 플레이 전체의 흐름이 나빠져 있다는 징조인데 이 타이밍의 불일치와 나쁜 흐

▶ 미스샷의 연발을 끊어 버리기 위해서는

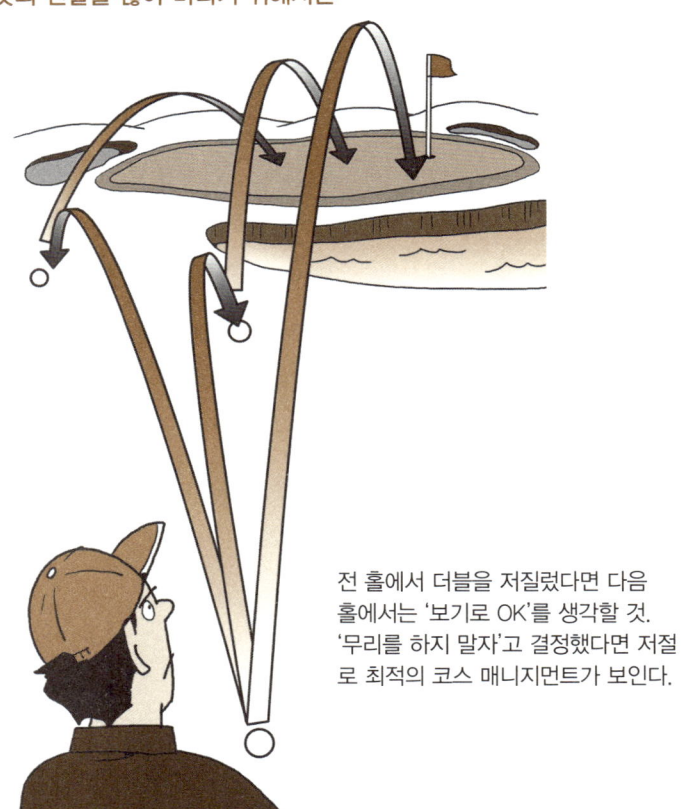

전 홀에서 더블을 저질렀다면 다음 홀에서는 '보기로 OK'를 생각할 것. '무리를 하지 말자'고 결정했다면 저절로 최적의 코스 매니지먼트가 보인다.

름을 정상으로 돌리는 데는 어느 정도의 시간이 걸리기 마련이다.

  더블이나 보기를 저지른 다음 홀에서는 더블이라면 먼저 보기로, 보기라면 파로 감지덕지할 일이다. 그렇게 하면서 서서히 스윙을 수정한다든지 흐름을 원래로 돌려놓는다든지 하면 된다.

  기다리는 자에게 기회가 오는 법이다. 기다리며 자제하는 골프를 계속하다 보면 반드시 버디 챤스가 오게 마련이다. 미스를 만회하는 것은 바로 이런 때이다.

# 샷하기 전의 혼잣말은 이런 것이 효과적

〈 must가 아닌 do 〉

    타이거 우즈는 퍼팅 어드레스에 들어가기 전 무언가 중얼거리는 때가 있다. 아마도 라인의 확인이나 스트로크 시 유의점을 자신에게 얘기하는 것일 것이다.

    이렇게 자신에게 말을 거는 것을 심리학에서는 '셀프 토크'라고 하며 적극적 사고를 실천하기 위한 유력한 방법으로 알려져 있다. 다만 셀프 토크에는 요령이 있는데 그것은 'must'가 아닌 'do'가 되는 문장을 중얼대야 한다는 점이다.

    'must'란 '~지 않으면 안 된다'는 의미로, 예를 들면 퍼트 때 "이것을 집어넣지 않으면 안 돼"가 된다. 그런데 이렇게 중얼대면 뉘앙스가 명령문과 같아져 자신이 자신에게 프레셔를 거는 것이 되어 역효과를 내게 되는 경우가 압도적으로 많다.

이런 때에는 'must' 대신 'do'를 사용하여 '~를 하자'란 단순한 긍정문으로 만들면 좋다. 퍼트 때 "중심으로 치자", "컵을 보지 말자"와 같은 문장이 된다.

"치자"나 "보지 말자"에 여전히 명령조의 뉘앙스가 느껴진다면 "쳐볼까"라든지 "쳐보게나"도 좋다. 혹은 "보지 말자"라고 말하는 것은

▶ **적극적인 중얼거림이 좋은 결과를 낳는다**

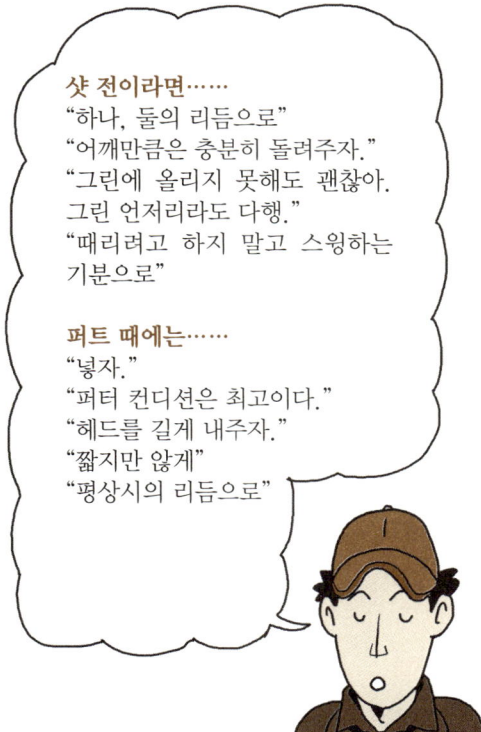

'don't'이기 때문에 부정적인 요소가 배어 있어 "컵을 보지 말자" → "볼만 보자"와 같이 긍정문으로 바꾸는 편이 좋다고 하는 심리학자도 있다. 이런 식의 긍정적인 중얼거림은 자신에게 프레셔를 걸지 않고 오히려 '이것만 유의하면 집어넣을 수 있다'는 자신감을 부여하기 때문에 스윙이나 스트로크가 부드럽게 될 수 있게 한다.

# 자신에게 하는
# '원 포인트 레슨'

〈 셀프 토크의 효용 〉

　셀프 토크에 관해서는 말하는 방법만이 아닌 토크의 내용에 관해서도 흥미진진한 실험결과가 있다. 미국에서 80명의 골퍼를 4그룹으로 나눠 50야드의 어프로치 샷을 30회하도록 하는 실험이 실시되었다. 4그룹은 샷 전의 셀프 토크의 내용에 의해 다음과 같이 나누었다.
　1) 적극적인 셀프 토크를 하는 그룹(예: "오늘은 최고 컨디션이야." "이 어프로치는 아주 쉬워.")
　2) 부정적인 셀프 토크를 하는 그룹(예: "오늘 컨디션은 안 좋아." "방심하면 뒤땅이 나올 것 같아.")
　3) 교시적인 셀프 토크를 하는 그룹(예: "몸의 회전으로 쳐라." "다운스윙은 천천히.")
　4) 셀프 토크 없는 그룹

가장 샷이 안정된 쪽은 3)의 '교시적인 셀프 토크'를 중얼대는 그룹이었고 1)그룹은 보통, 2)와 4)그룹은 처진 결과가 나온 것을 알 수

▶ **포인트는 욕심내지 말고 하나로 정한다**

어드레스 전의 원 포인트

"등이 휘지 않도록 주의."
"체중은 발바닥 엄지발가락에 걸리도록."
"볼의 위치를 확인."
……중에서 하나만.

스윙하기 전의 원 포인트

"몸을 확실히 돌린다."
"오른쪽 무릎은 움직이지 않는다."
"왼쪽 무릎은 열리지 않게."
……중에서 하나만.

있었다.

타이거 우즈가 하고 있는 것처럼 '교시적 셀프 토크'는 효과가 있다. 다만 가르치는 내용은 원 포인트가 아니면 역효과일 것이다. 왜냐하면 인간은 '동시에 두 가지 이상의 것을 의식하면서 하나의 동작을 한다'는 것은 어려운 일이기 때문이다.

다음번의 라운드에서는 유의해야 할 포인트를 하나만 일깨우는 말을 중얼대며 라운드해 보는 것은 어떨까.

# 라운드 중 스윙에 대해
# 생각하면 안 되는 이유

〈 자승자박의 심리 〉

　골퍼 중에서 연구심이 강한 사람은 레슨에 관한 책을 산처럼 많이 읽는다든지 프로나 상급자의 어드바이스에 진지하게 귀를 기울이는 타입이 적지 않다.
　이것은 결코 나쁜 것이 아니다. 어떤 스포츠에서도 능숙하게 된 사람은 '진지함'을 갖추고 있다. 다만 이런 골퍼는 라운드 중 하나의 미스에 의해 돌연 스윙이 엉망이 되어 버리는 경우가 많다.
　이런 골퍼는 한 번이라도 미스샷이 나오면 그 원인을 이리저리 분석하기 시작한다. 그래서 진짜 원인을 알고 어떤 포인트를 고치는 것만으로 샷이 좋아지면 다행이지만, 현실은 그렇지 않다. 스윙 이론에 확실하고 거기다 몸도 뒷받침이 되는 프로라면 라운드 중에 스윙을 수정하는 것이 가능하지만 스윙 이론도 어중간하고 거기다 운동능력도 처지는 아마추어에겐 이런 일은 결코 불가능하다.

그래서 A의 대처법이 안 된다면 이번엔 B, B도 안 되면 이번엔 C…… 이런 식으로 자신이 자신의 스윙을 이리저리 주물럭거리기 시작하게 되면 개선은 되지 않은 채 그날의 라운드는 끝나 버리고 처참한 스코어만 남게 되어 버린다.

미스샷의 원인을 규명하려고 이리저리 분석하는 것은 결코 나쁜 일은 아니지만 이것은 원래 연습장에서 해야 할 일이다.

라운드에서의 샷은 한 번뿐이다. 이 한 번으로 샷을 고치려고 하는 것이 오히려 이상하며 라운드 중에 '스윙개조'를 하는 날은 스윙이 들쭉날쭉해지는 것이 당연지사이다.

라운드 중의 스윙개조의 계기는 미스샷만이 아니다. 동반 플레이

▶ **미스샷의 원인을 깊이 생각하지 말 것**

라운드 중에는 '리듬'만을 생각하자.

어로부터 "톱의 위치가 너무 좋아요"라고 칭찬을 들었을 때 톱의 위치에 신경이 쓰여 스윙이 이상해져 버리는 골퍼도 있다. 이것 역시 아직 자신의 스윙이 만들어지지 않은 아마추어의 비애라고나 할까.

미스샷이 났을 때 신경 써야 할 것은 "좀 힘이 들어갔어" "좀 타이밍이 나빴어" 정도로 충분하다. 이 이상의 분석은 라운드 후 연습장에서 하면 된다.

마지막으로 한 번 더 강조하자면 라운드 중에는 스윙을 고쳐 보려고 생각해서는 안 된다.

# 슬럼프를 어떻게
# 생각하면 좋을까

〈 정체기를 보내는 법 〉

**'90의 벽' '80의 벽'을 어떻게 뛰어넘을 것인가**

어떤 스포츠, 아니 스포츠뿐만 아니고 피아노든 어학학습이든 모든 기능습득에는 반드시 슬럼프가 찾아온다. 그것은 능숙하게 되기 위한 말하자면 준비기간으로 학습심리학에서는 이런 슬럼프를 '플래트'(정체기)라고 한다.

플래트란 '고원'이란 의미로 기능학습 과정을 산에 비유하면 슬럼프의 시기는 산 능선에 있는 고원처럼 보이기 때문에 이렇게 부른다.

골프에서는 소위 '90의 벽'이나 '80의 벽'이 이 슬럼프에 해당된다. 100을 깨고 나서부터 일정한 박자로 95, 93, 91의 스코어가 나와 90을 깨는 것이 시간문제라고 생각하는 순간 그때부터 슬럼프가 찾아온다.

연습도 꾸준히 하며 스윙도 확실히 좋아졌다고 할 만큼 기량도 늘었고 어프로치도 이전처럼 뒤땅을 치는 일이 줄었는데도 좀처럼 90이 깨어지지 않는다. 아니 이뿐만 아니라 최근 스코어는 93~95 주변을 왔다 갔다 하며 오히려 1~2개월 전보다 실력이 떨어져 버린 기분이 든다 – 정체기에 있는 골퍼의 기분이 이렇지 않을까.

**정체기에는 실력이 떨어지는 것인가**

일반적으로 플래트 시기에는 기술이 눈에 띄게 좋아지지는 않아도 떨어지는 일은 없다. 다만 본인이 실력이 떨어졌다는 기분이 드는 것은 노력에 상응하는 향상을 얻을 수 없기 때문이라고 말하고 싶다.

특히 의욕이 강한 골퍼일수록 '떨어지지 않는다'는 것에는 만족하지 못하기 때문에 초조해하거나 의욕을 잃어버리기도 한다.

그러나 이 시기는 이미 말했듯이 다음 스텝으로 나아가기 위한 준비단계로 고수에 이르기 위한 없어서는 안 될 귀중한 시간이다. 이것은 단순히 위로하기 위해 말하는 것이 아니다.

예를 들어 퍼팅의 경우 정체기는 골퍼가 의식하고 있는지 없는지는 관계없이 다음과 같은 것을 하기 위한 시기이다.

1) 퍼팅에 관한 지식, 경험치를 정리한다.
2) 항상 같은 스트로크가 되도록 기술을 안정화시킨다.
3) '라인을 읽고 → 터치를 생각하며 → 어드레스에 들어가 → 프리샷 루틴을 하고 → 스트로크한다'가 하나의 집약된 동작단위로 부드

럽게 진행되도록 한다.

4) 3)의 과정을 어떤 조건에서도 프레셔를 받지 않고 가능하게끔 한다.

이런 과제를 수행하지 않으면 안 되기 때문에 어느 정도 시간이 걸리는 것은 어쩔 수 없는 일이다. 그러므로 정체기에는 실력이 정체는 되어 있어도 내려가지는 않는다.

'골프의 연습은 내일 있을 라운드를 위한 것이 아니고 1년 후의 라운드를 위한 것에 있다'고 얘기한다. 초조해하거나 속상해하는 것은 금물이다. '후퇴하고 있지 않으면 전진하고 있는 것' '이 정체기를 뛰어넘으면 1년 후에는 당연히 80대로 들어간다'고 믿고 노력을 계속하면 반드시 하나의 산과 벽을 넘을 수 있다.

▶ **미스샷의 원인을 깊이 생각하지 말 것**

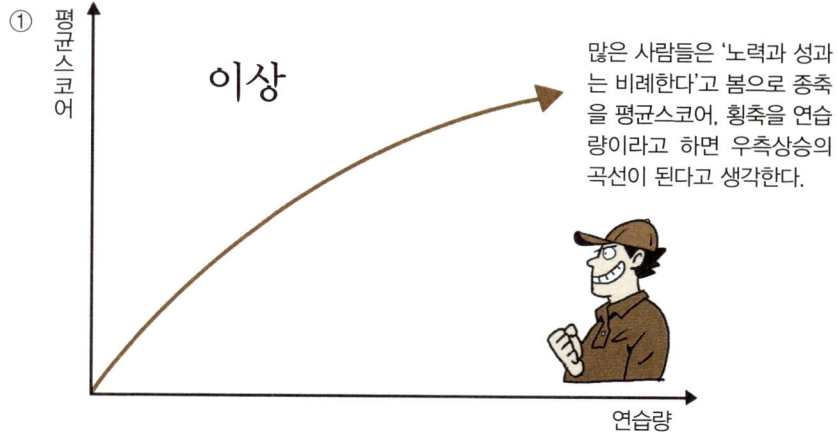

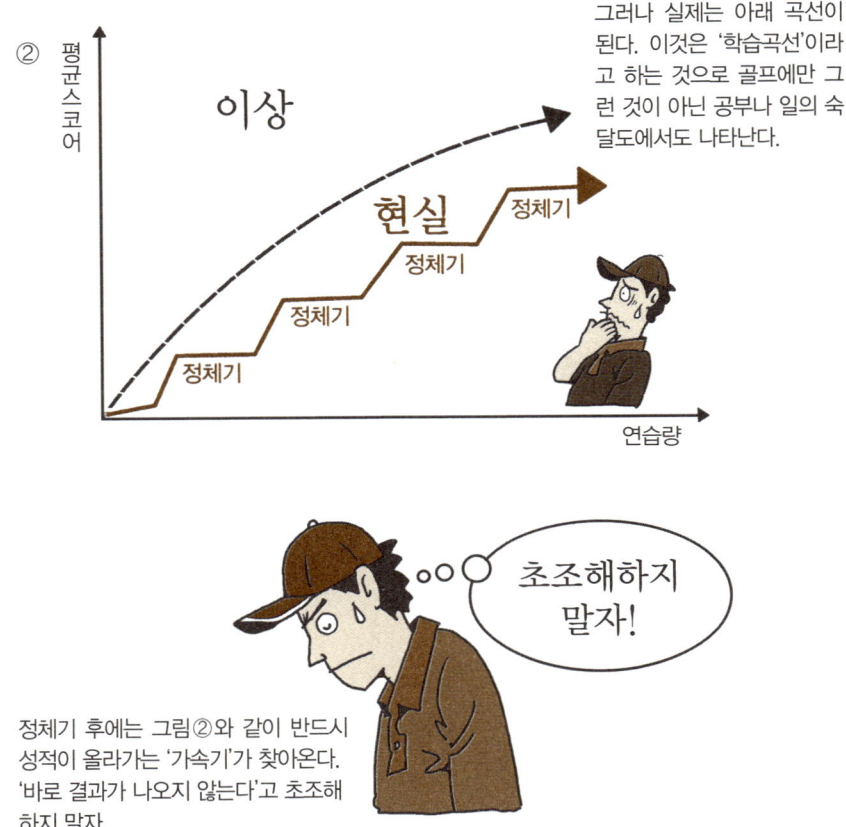

그러나 실제는 아래 곡선이 된다. 이것은 '학습곡선'이라고 하는 것으로 골프에만 그런 것이 아닌 공부나 일의 숙달도에서도 나타난다.

정체기 후에는 그림②와 같이 반드시 성적이 올라가는 '가속기'가 찾아온다. '바로 결과가 나오지 않는다'고 초조해하지 말자.

# 지하철이나 잠자리에서 가능한 골프의 '뇌 운동'

〈 이미지 능력의 단련 〉

**장소를 불문하고 가능한 이미지 트레이닝**

피아니스트를 꿈꾸는 연습생들은 피아노가 없는 곳에서도 연습을 곧잘 한다고 한다. 악보를 보면서 손가락을 움직이거나 혹은 악보가 없어도 머릿속에서 그 곡을 연주해 보는 방법이다. 그렇게 하는 동안 건반을 누르는 터치가 손가락 끝에 되살아나거나 터치가 틀렸을 때는 피아노의 미묘한 음색이 자신의 귀에 들려오게 된다고 한다.

이것은 이미지 트레이닝의 일종으로 특히 음악이나 스포츠 등의 기예를 마스터하기 위해서는 없어서는 안 되는 트레이닝이라고 말하고 있다.

왜냐하면 이 트레이닝은 인간의 이미지 능력을 단련하는 것이 되기 때문이다. 이미지 능력이 뛰어나게 되면 '일련의 몸의 움직임을 하나의 코드'로 해서 뇌에 입력하는 것이 가능하다.

이것은 앞 장에서 기술한 정체기 때의 3)과 4)에 해당한다. 골프의 경우에도 머릿속에 스윙을 재현시켜 보면 실제 스윙에도 큰 도움이 된다.

**이미지를 계속해서 반복하면 몸에도 입력된다**

다만 아마추어골퍼에게 머릿속에 바른 스윙이나 스트로크가 가능한 것은 오직 싱글 수준의 골퍼에 한해서이다.

시험 삼아 당신의 머릿속에 자신이 이상형이라고 생각하는 스윙을 재현시켜 보시기 바란다. 클럽의 무게를 느껴가며 부드럽게 피니쉬까

▶ **퍼스널컴퓨터를 이용한 이미지 트레이닝법**

인터넷이나 DVD 등으로 '프로의 스윙'을 반복해서 보는 것만으로도 이미지 트레이닝이 된다.

지 클럽을 휘둘러 주는 것이 가능합니까? 그리고 임팩트의 감촉과 좌우 발에 걸려 있는 압력의 차이, 배근의 늘어남 등을 실감할 수 있습니까?

혹은 스윙 중 당신에게 볼은 어떤 모양으로 보여집니까? 그리고 그 볼은 임팩트 후 당신이 원했던 그대로의 구질로 날아갑니까?

거의 모든 골퍼는 스윙의 어딘가에 안개가 낀 것 같은 모호한 곳이 있게 마련이다. 아마도 그것은 대부분이 톱에서 클럽을 내려주는 순간부터 임팩트 직후까지의 몸과 팔의 움직임일 것이다. 프로들도 이 임팩트 직후의 몸과 팔의 움직임을 무의식적으로 하고 있는 경우가 많이 있으므로 아마추어가 머릿속에 재현한다는 것은 어려운 일임에 틀림없다.

모호한 부분이 명쾌하게 되지 않으면 스윙은 잘 되지 않지만 낙담할 필요는 없다. 스윙에 모호한 부분이 있다는 것을 안다는 것만으로도 이 이미지 트레이닝을 하는 의미가 있기 때문이다.

스윙이 그려지지 않는 부분은 프로의 스윙 영상을 몇 번이고 보는 등 머릿속에 넣어두면 좋다. 그때 스윙의 모양뿐만이 아니고 몸의 어느 곳에 힘이 들어가고 어느 곳에 힘을 빼고 있는가를 바르게 그려 보는 것이 중요하다. 이것에 관하여는 2장을 한 번 더 읽어 확인하시기 바란다.

이상적인 스윙을 하기 위해서는 적어도 머릿속에 그 이상적인 스윙이 있지 않으면 안 된다. 이래야 비로소 실제의 라운드에서도 '지금

▶ 스윙을 이미지할 때의 주의점

'정면에서 본 자신' '후방에서 본 자신' '전방에서 본 자신' '바로 위에서 본 자신' 등 각도를 달리하며 이미지해 본다.

스윙은 이미지와는 달랐다'고 말하는 것이 실감나는 것이며 이 차이 감각이 반성자료가 되어 다음 연습의 목적이 되기 때문이다. 골프의 연습이란 이런 식으로 하는 것이다.

　머릿속에 이상적인 스윙을 재현하는 트레이닝은 지하철 안에서도 잠자리에서도 가능하다.

　머릿속으로 몇 번이고 스윙을 반복해 보면 자신의 몸(근육)에 바른 움직임이 입력되게 되어 있다.

# 텔레비전을 보면서
# 골프를 숙달하는 방법

〈 프로의 기술을 훔친다 〉

**몸의 한 곳에 주목 포인트를 고정한다**

미국 PGA를 포함하면 거의 1년 내내 개최되는 것이 프로의 토너먼트이다. 골프전문 채널 시청이 가능한 사람은 매주 프로의 시합을 즐길 수가 있는데 프로 시합을 볼 때 다음 사항을 유의해서 텔레비전을 시청하면 어떨까.

우선은 프로의 기술을 내 것으로 만들겠다는 자세이다.

골프 토너먼트 중계를 볼 때 샷의 '결과'에 신경이 쓰여 볼의 행방에만 시선을 쫓지 말고 프로의 스윙 모습으로부터 그들의 기술을 배우고 싶다고 생각한다면 동작의 한 곳만을 보는 편이 좋다.

그곳은 그립, 우측 무릎, 허리 등 어디라도 좋다. 예를 들어 우측 무릎만을 보게 되면 어드레스부터 톱스윙까지 거의 모든 프로는 우측 무릎이 움직이지 않는 것을 알 수 있게 된다. '톱스윙까지는 우측 무릎을 움직이지 말 것'은 대개의 레슨서에 쓰여 있는 것이지만 많은 프로의 영상을 보는 것으로 우측 무릎을 움직이지 않는 것의 의미나 중요성을 알 수 있게 된다는 사실이다. 문장으로 읽으면 간단히 흘려버릴지도 모를 중요사항이 "아아, 프로는 모두 이렇게 하고 있구나" 하고 실감하는 것으로 뇌에 강하게 입력시키게 된다.

골프 중계를 녹화하고 있다면 많은 프로의 스윙을 느린 화면으로 재생해서 보는 것이 좋은데, 이 경우 어떤 프로라도 공통적으로 하고 있는 포인트와 프로에 따라 다른 포인트가 눈에 띈다.

전자는 예를 들어 임팩트 시 머리가 볼의 우측에 있다든가 어프로치의 피니쉬에서는 그립이 좌측 고관절 부근에 멈춰져 있는 등 여러 가지가 있다. 그래서 많은 프로가 공통적으로 하고 있으면 이것들은 스윙의 대원칙이라고 인식되어 뇌에 깊이 입력시키는 것이 가능하다.

후자로는 스윙 시 머리가 우측으로 10cm 정도 움직이는 프로가 있는가 하면 어드레스의 위치로부터 미동도 하지 않는 이도 있다. 톱스윙의 위치도 어깨보다 20~30cm 높은 프로가 있는가 하면 어깨보다 낮은 프로도 있다(특히 미국의 시니어에게 많다). 그래서 톱스윙의 높이란 골퍼의 유연성에 의해 혹은 비거리보다 방향성을 중시하는가 아닌가에 따라 달리 할 수 있음을 이해할 수 있게 된다.

이런 '비교해 봄으로써 알아차리는 것'은 한 사람의 프로골퍼가 모범 연기를 보여 주는 레슨 프로그램에서는 결코 얻을 수 없다.

최근엔 토너먼트의 스타트 홀을 생중계함으로써 이 시합에 출전한 모든 프로의 스윙을 비교하는 것이 가능한 프로그램도 있다. 프로의 연습 모습도 포함하고 있어 스윙 연구에는 아주 좋은 프로그램이라고 말할 수 있다.

### 플레이어의 마음을 읽어가며 본다

그 다음으로 골프 중계 시청 방법 중 우승을 다투고 있는 프로골퍼의 마음을 읽어가며 시청하는 방법이 있다. 예를 들면 마쓰야마 프로가 2위에 1타 리드하고 있는 16번 홀(파 4)을 맞이하는 장면이 있다고 하자. 이럴 때 자신이 마쓰야마가 된 기분으로 그의 플레이를 추적해서 보는 방법이다.

"이 홀의 티샷은 우측 OB를 피하는 것을 제일 먼저 생각해야 돼."

"핀이 좌측에 있으므로 2타째는 그린 우측으로 살짝 벗어나도 좋겠지."

"이 파 퍼트가 들어가면 우승확률이 90% 정도, 프레셔받지 말고."

이런 식으로 마쓰야마의 마음을 읽어가며 그의 플레이를 지켜본다. 때로는 그가 된 것 같은 기분으로 섀도우 스윙을 해도 좋다. 이것은 마쓰야마에게 강하게 감정이입을 시킨 것이 되어 단순히 우승의 행방을 지켜보는 시청자보다는 하나하나의 플레이에 대해서 강한 감정을 동반하고 있는 것이 특색이다.

모든 일이란 감정이 동반되어 있을수록 기억에 남는다. 즉 우승 다

툼이란 프레셔에 놓여 있는 마쓰야마에게 감정이입을 한 당신은 자신이 같은 프레셔에 처했을 때 "마쓰야마라면 어떻게 했을까"란 것이 금방 검색 가능하게 된다는 사실이다.

▶ **프로 스윙의 '한 곳'에 주목한다**

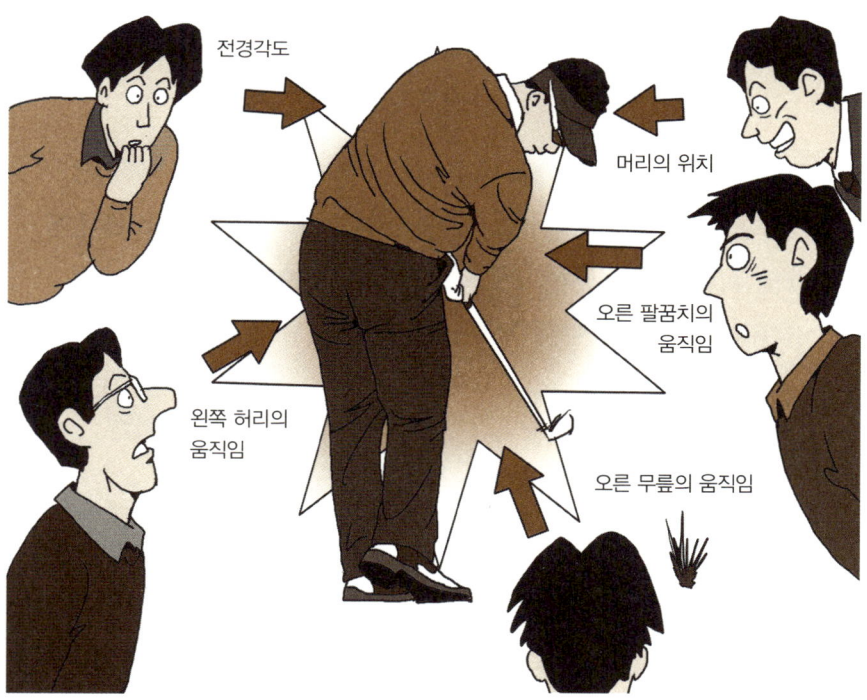

몸의 사용 방법, 볼의 위치, 클럽의 움직임…… 등, 보아야 할 포인트는 무수히 많지만 한 곳만 집중해서 봄으로써 새로운 '눈대중'을 얻을 수 있어 뇌에도 입력시키기가 쉬워진다.

또 당신이 마쓰야마가 된 것처럼 스윙을 하면 그 성공확률은 마쓰야마까지는 아니더라도 꽤 높아질 수 있게 된다.

"이걸 집어넣으면 우승"이라고 중얼거리며 퍼팅해 보기를 바란다. 의외라고 할 정도로 두근두근거리는 것을 느낄 수 있다. 그래서 인간은 깊이 생각하는 것만으로도 의외일 정도로 확실하게 그 상황에 빠져들 수 있는 것이다.

# 아마추어도 '극치의 경지'에 들어가는 것이 가능하다

〈 자신을 분석하세요 〉

　이시카와 료가 2010년의 쥬니치 크라운즈 최종일에 '58타'를 쳤을 때는 정말로 어떤 '경지'에 들어간 상태였다. 시합 후 인터뷰에서 그는 "라운드 중엔 꿈을 꾸고 있는 것 같아서 플레이의 상세한 것은 별로 생각이 나지 않는다"라고 말했는데 이것이 소위 '죤(경지)'이라고 하는 것일 것이다. 아마추어도 1년에 한번 정도는 신들렸다고 할 정도까지는 아니지만 좋은 플레이가 가능할 때가 있다. 여기서는 그것을 굳이 '극치의 경지'라고 부르기로 하고 이 '경지'에 다시 들어가기 위해서는 어떻게 하는 것이 좋을지 생각해 보기로 하자.
　실은 최근의 스포츠 심리학에서 '경지'는 특별한 재능을 가진 선수만이 아니고 일반 아마추어도 컨디션의 조정 등에 의해 '경지'에 들어가는 것이 가능하다고 알려져 있다. '58타'라는 스코어는 역시 무리라고 해도 당신 나름의 '경지에 들어가는 것'은 결코 꿈이 아니다.

우선 과거 '경지'에 들어갔을 때 당신은 어떤 기분으로 라운드했나를 생각해 내어 보기 바란다. 스타트부터 하고자 하는 의욕이 가득했었는지, 처음엔 그다지 활기차지 않았었는데 4번째 홀부터 시동이 걸렸었는지, 동반 플레이어와는 자주 얘기를 나누었는지 아니면 그다지 대화를 하지 않았었는지, 클럽을 기분 좋게 휘둘렀는지 아니면 컨디션이 나쁜 만큼 스코어 관리에 각별히 신경썼는지…….

이런 식으로 뒤돌아보면 예를 들어 "의욕은 보통이었고 쓸데없는 얘기는 하지 않았으며 스윙은 결코 최고조는 아니었으나 리듬만은 좋았었다"던 때가 자신이 '경지'에 들었다고 하는 것을 알 수 있게 된다.

▶ '경지'에 스스로 들어가기 위해서는……

어떻게 했었었지?

'경지'에 들어갔던 때의 기분과 태도를 기억해 두고 재현해 보도록 한다.

이것을 알게 되면 다음번 라운드에서는 처음부터 경지에 들어갔던 때의 기분과 태도를 재현하기 위해 노력하면 된다는 얘기가 된다.

일종의 셀프 콘트롤로 단순하게 '긴장을 풀고'라든가 '힘을 빼고' 등 모든 사람이 알고 있는 어드바이스를 자신에게 해 주는 것보다는 훨씬 효과가 있다.

왜냐하면 이것은 당신 자신이 발견한 당신만의 '경지'에 들어갈 수 있는 방법이기 때문이다. 과거에 일어났던 일이지만 다시 한 번 더 만들지 못할 이유는 없다.

# 4장

라인을 정확히 읽고 보내는
## 퍼트의 과학

그린과 퍼터의
비밀을 알면
**멋지게 컵인되는 물리학**

# '퍼터의 중심으로 친다'는 것의 진정한 의미

〈 올바른 컵인 〉

퍼팅의 그립과 스트로크의 방법은 사람마다 각기 다르다.

먼저 퍼터의 모양부터 보더라도 긴 퍼터가 있는가 하면 센터샤프트도 있다. 헤드도 일반적인 핀 타입부터 반달형 등 여러 가지가 있다. 이런 종류들을 조합해 보면 거의 무한대라고 할 정도로 종류가 많은데 어떤 퍼터나 퍼팅 스타일이라 하더라도 퍼트가 능숙한 골퍼에게는 공통점이 하나 있는데 그것은 '항상 퍼터의 중심으로 볼을 치고 있다'는 사실이다.

퍼터의 중심으로 친 볼은 회전이 좋아져(예쁜 순회전이 된다) 약간의 경사나 잔디 결에 구애받지 않고 쭉 뻗어나간다. 그러나 중심에서 벗어나 맞은 볼은 라인을 잘 타고 있어도 홀컵 바로 직전에 멈춰 버리든지 휘어져 버린다.

아마추어들은 컵 직전에 볼이 멈추면 "터치가 약했다", 좌우로 휘어져 버리면 "라인을 잘못 봤다"라고 생각하는 사람이 많지만 사실은 "중심으로 때리지 못했다"고 말해야 하는 경우가 굉장히 많다.

중심으로 맞히지 못했음에도 컵인된 볼은 결과가 좋았을 뿐이지 사실은 미스 퍼트인 것이다. 이런 것을 모르고 퍼팅에 능숙해지길 바란다는 것은 애당초 생각지도 말아야 한다.

또한 퍼팅에 있어서 매우 중요한 것이 거리감인데 이 거리감을 익히기 위해서도 퍼터의 중심으로 치는 것은 대단히 중요하다.

같은 스트로크 폭으로 퍼팅하여도 중심으로 칠 때와 아닐 때에는 굴러가는 것이 다르다. 즉 퍼터의 히팅 포인트가 매번 다르면 '이 정도의 스윙 폭이면 5m'와 같은 자신만의 기준이 만들어지지 않아 매번

▶ **항상 중심으로 치는 것을 마음에 명심한다**

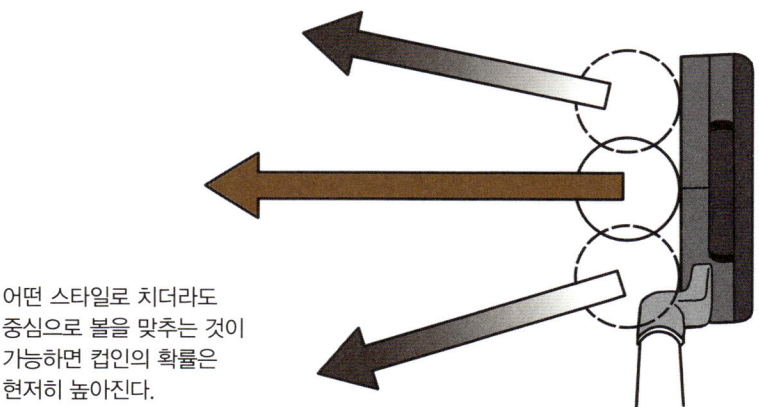

어떤 스타일로 치더라도 중심으로 볼을 맞추는 것이 가능하면 컵인의 확률은 현저히 높아진다.

어느 정도 쳐야 할지 자기 나름의 감이 생기지 않는다.

거리감의 기본이 되는 것은 당연히 중심으로 쳤을 때 볼이 굴러가는 상태이다. 퍼팅 시에 라인이나 터치 등에만 신경을 쓰는 사람이 많은데 그 이전에 중요한 것이 퍼터의 중심으로 볼을 치는 것이다. 이를 위한 연습이라면 집의 거실 카펫 위에서도 충분히 가능하다.

유의해야 할 것은 스트로크의 리듬이다. 프레셔나 "넣고 싶다"라는 기분이 너무 강하면 리듬이 깨어져 퍼터의 중심에서 벗어나게 된다.

# 퍼팅 스트로크의
# 바른 궤도는

〈 프로의 실상 〉

퍼팅 스트로크의 궤도에 관해서는 '똑바로 당겨 똑바로 밀어 준다'라는 소위 '스트레이트 투 스트레이트'와 샷의 경우와 같이 '인 투 인'의 2가지 설이 주류이다.

퍼팅도 샷과 같이 척추를 축으로 한 회전운동이라면 퍼터 헤드가 원을 그리는, 즉 '인 투 인'이 되는 것이 자연스럽다.

그러면 프로골퍼들은 어떤 궤도로 스트로크하고 있을까?

일본 남녀 프로골퍼 50명의 궤도를 조사해 보니 다음과 같은 의외의 결과가 나와 있다(주간골프다이제스트).

- 인 투 스트레이트 ········ 66%
- 스트레이트 투 스트레이트 ········ 20%
- 인 투 인 ········ 10%

- 기타 ········ 4%

압도적으로 많은 것이 '스트레이트 투 스트레이트'도 '인 투 인'도 아닌 '인 투 스트레이트'인 것은 어찌 된 것일까?

먼저 백 스트로크를 인으로 당기는 이유인데 그것은 역시 그런 움직임이 자연스럽다는 점이다. 똑바로 당기려고 의도적으로 아웃으로 당기게 되면 부자연스러움이 동반되어 스트로크가 들쭉날쭉 되며 임팩트에서 페이스가 스퀘어로 돌아가는 확률이 낮아지게 된다.

인으로 당긴 헤드를 임팩트부터 팔로우에 걸쳐 스트레이트로 밀어주는 것은 임팩트 시 스퀘어로 되돌아온 헤드로 볼을 조금이라도 더

▶ 볼은 어디에 놓아야 하나

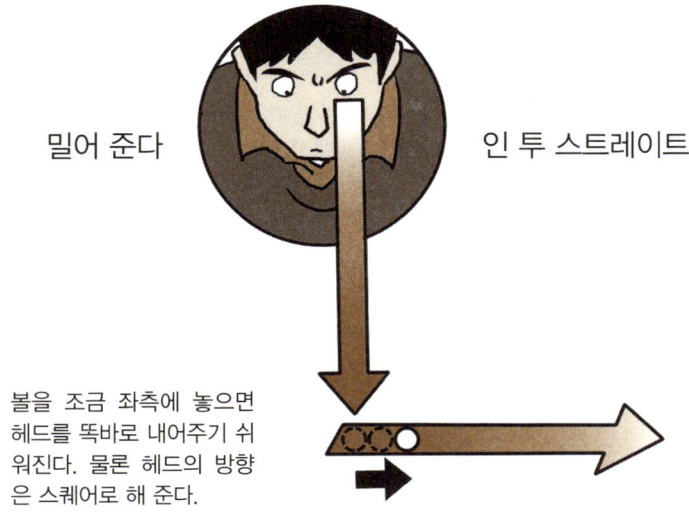

볼을 조금 좌측에 놓으면 헤드를 똑바로 내어주기 쉬워진다. 물론 헤드의 방향은 스퀘어로 해 준다.

밀어 내어주려는 의도의 표현이다.

　임팩트의 순간은 잠시일지라도 의식으로는 '볼을 똑바로 밀어주는 시간이 길어질수록 방향성이 좋아진다'는 이치로 이것은 보통의 샷에서 말하는 '긴 임팩트 죤'과 같은 이미지라고 보아도 좋다.

　그러기 위해서는 볼의 위치도 중요한데 이런 궤도로 스트로크하고 있는 프로의 대부분은 볼을 왼쪽 눈 아래나 심하게는 볼 1~2개 정도 더 왼쪽에 놓는다고 한다. 실제로 해 보면 알 수 있듯이 볼을 왼쪽에 놓으면 임팩트 후 헤드를 똑바로 밀어주기가 쉬워진다.

　어찌 되었든 임팩트에서 중요한 것은 임팩트의 순간에 헤드의 방향이 스퀘어가 되는 점이다. 그러기 위한 스트로크의 궤도는 '절대'라고 할 수 있는 것이 없다. 골퍼의 체격, 중심위치, 버릇 등에 의해 전부 달라진다.

　자신에게 어떤 궤도가 베스트인가는 볼의 위치나 좌우 발의 체중 배분, 머리의 위치 등을 바꾸어 가면서 자신에게 좀 더 자연스럽고 또한 재현성이 높은 스트로크의 궤도를 찾아보기 바란다.

# '아까운 퍼트'가 사실은
# 아깝지 않은 이유

〈 미스 퍼트의 진짜 이유 〉

　스트로크도 완벽하고 볼도 확실하게 퍼터의 중심에 맞췄다고 반드시 컵인한다고 할 수 없는 것이 퍼트이다. 이 경우 컵인하지 못한 것은 거리감이 맞지 않았거나 라인을 잘못 보았거나 일 것인데 골퍼 자신이 그 이유를 확실하게 알지 못하면 퍼팅에 숙달되지 못하는 것은 말할 필요도 없다. 실제로는 미스 퍼트를 했어도 그 진짜 이유를 알지 못하기도 하고 어느 부분의 미스를 미스라고 생각지 못하는 골퍼가 굉장히 많이 있다.
　예를 들면 좌우 어느 쪽으로 휜 라인에서 라인을 잘 탔다고 보인 볼이 홀컵 바로 앞에서 멈춰 버린 경우 주위의 동료들이 "아깝다. 라인을 잘 봤는데, 조금만 강했더라면 완전히 들어가는 건데" 등 위로해 준다. 즉 라인은 완벽하였으므로 터치만 적당하였더라면 컵인할 수 있었던 "아까운 퍼트"라고 말하나 실은 그 정도로 아까운 퍼트는 아니다. 왜냐하면 노렸던 방향이 같아도 터치의 강도가 다르면 볼은 다른 궤적을 그리기 때문이다.

만약 볼과 홀컵 사이가 같은 경사(홀컵 우측이 높은)로 되어 있는 그린의 같은 지점에서 2회의 퍼팅을 한다고 할 때 첫 번째가 아래의

▶ **실은 라인을 잘못 읽은 것이다**

노리는 목표지점이 같더라도 터치의 강도가 다르면 볼의 궤적은 당연히 달라진다. 이것을 이해하지 못하면 영원히 '아까운 퍼트'로.

그림처럼 홀컵 바로 전(A지점)에 멈췄다면 라인을 잘 탔기 때문에 조금만 세게 쳤더라면 들어갈 수 있었다고 말한다. 그래서 두 번째는 목표지점을 같게 해서 조금 세게 쳤다면 과연 들어갈 수 있을까? 이 경우 볼의 궤적은 그림의 점선처럼 된다. 세게 친 만큼 휘기 시작하는 정점이 홀컵에 가까워지나 볼은 홀컵 뒤의 우측(B지점)에 서버리게 된다.

즉 최초의 퍼트는 터치만 약했던 것이 아니고 라인도 잘못되었던 셈이다. 컵인하기 위해서는 좀 더 터치를 세게 하고 라인도 좀 얇게 보았어야 했다.

미스 퍼트를 한 진짜 원인을 알게 되면 다음 퍼트의 반성자료가 된다. 그래서 이런 '바른 반성자료'가 늘어나면 날수록 그 골퍼의 퍼팅은 숙달되게 된다. '잘못된 반성자료'로는 아무리 해도 퍼팅에 숙달될 수가 없는 게 당연하다.

# 미스 퍼트가 되는
# 4가지 원인

⟨ 실패의 본질을 알자 ⟩

통상 골퍼는 어드레스에 들어가기 전에 홀컵까지의 거리와 경사, 거기다 그날 그린의 빠르기 등을 가미해 가며 터치와 라인을 그려 보는데 이런 작업들은 전부 머릿속에서 이루어지는 것임에 유의하기 바란다.

주로 감각을 사용하지만 머릿속(기억의 저장고에 있는 해마)에는 지금까지의 퍼팅에 관한 방대한 정보가 축적되어 있어 골퍼는 그것으로부터 필요한 정보를 끄집어내어 이제부터의 퍼팅에 활용하려고 한다. 이렇게 머릿속에 라인과 터치가 결정되면 어드레스에 들어가게 된다.

이제부터는 기술의 차례이다. 즉 원하는 곳(방향)으로, 머릿속에서 생각한 거리감으로 쳐 내는가 아닌가의 문제이다. 의도한 대로 스트로크했을 때 그 퍼팅은 적어도 기술적으로는 완벽했다고 할 수 있다. 그리하여 다행스럽게도 컵인되면 뇌에서의 작업, 즉 거리감과 라인 읽기도 완벽했다고 할 수 있게 되는 셈이다.

이렇듯 퍼트를 성공시키기 위해서는,

1. 거리감의 측정
2. 라인 읽기
3. 원하는 방향으로 쳐주는 기술
4. 의도했던 터치를 재현하는 기술

의 4가지 항목이 바르게 이루어지지 않으면 안 되는 것을 알 수 있다.

바꾸어 말하면 이 4가지 항목 중 하나라도 미스가 있으면 그 퍼트

▶ 퍼터를 성공시키는 4가지 요소

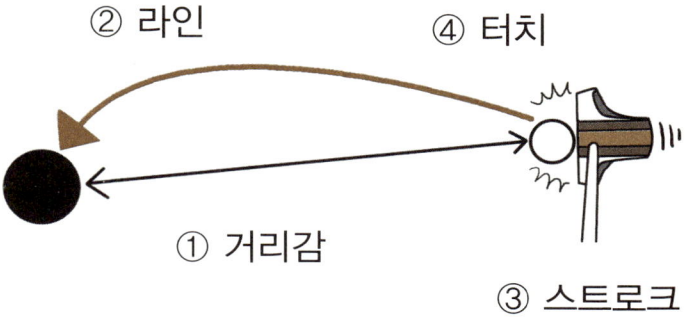

미스 퍼트를 했을 때에는 그 원인이 이 중에서 어느 것인가 혹은 복수로 작용하였는가를 이해해 둔다.

는 들어가지 않게 될 확률이 높다.

퍼팅이 능숙하게 되기 위해서는 미스 퍼트의 진짜 이유를 명백하게 하지 않으면 안 된다고 말하지만 그 원인은 지금 소개한 4가지 가운데 반드시 있으며 그것이 복수로 있는 경우도 있다. 퍼트가 들어가지 않았을 때에는 반드시 그 원인을 명백히 해 두는 것을 습관화하는 것이 좋다.

퍼트가 고민거리인 사람은 4가지 요소 중 특히 자신에게 부족한 것이 무엇인지를 찾아내기를 바란다.

그것을 알면 대책도 세울 수 있게 된다. 무엇보다 실패를 반복하지 않기 위해서는 '실패의 본질'을 아는 것이 가장 중요하다.

# 세게 칠 것인가
# 살짝 밀 것인가

〈 많이 보아야 하는 라인에서의 퍼트법 〉

　좌우로 휜 퍼팅 라인에서 컵인시키기 위한 라인은 2가지가 있다고 한다. 라인을 얇게 보고 세게 치는 경우와 두텁게 보고 저스트 터치로 살짝 치는 경우이다.
　그러면 어느 퍼팅이 스코어에 좋은 것일까? 정답을 먼저 말하자면 이것은 경사의 상태에 달려 있다고 할 수 있다.
　경사가 완만하고 컵 반개 정도의 라인이면 경사를 적게 보고 세게 치는 편이 컵인의 가능성이 높다. 아마추어들은 약간 휜 라인을 과다하게 보아 좌우로 벗어나 버리는 경우가 많이 있는데 이런 퍼트 때에는 '약간 휜 상태'를 상쇄시켜 버릴 정도의 생각으로 세게 치는 편이 좋다. 그렇다고 해도 2m 이상 지나쳐 버리는 것은 금물이며 1m 이내의 거리로 하여야만 경사를 이미 알고 있는 라인에서 2구째를 컵인시키기 쉬워진다.

문제는 거리도 한 핀 이상 되며 한눈에도 '라인을 많이 보지 않으면 들어가지 않을 것' 같은 심한 경사에서의 퍼팅이다. 이런 라인에서도 얕게 보고 세게 퍼팅함으로써 컵인되는 라인이 있으나 실패 때에는 큰 리스크가 있음을 염두에 두어야 한다.

▶ 많이 보아야 하는 라인에서는……

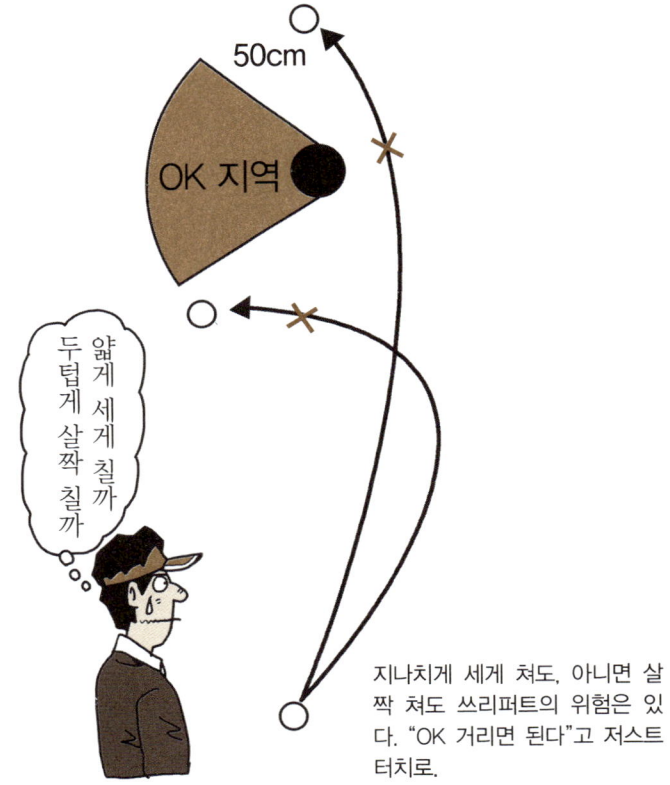

지나치게 세게 쳐도, 아니면 살짝 쳐도 쓰리퍼트의 위험은 있다. "OK 거리면 된다"고 저스트 터치로.

이 경우의 '세게 치는 것'은 '오르막의 스트레이트 시 세게 친다'고 할 때의 '세게'와는 의미가 다르다. 오르막에서는 터치가 조금 강하더라도 컵 뒤편의 벽에 맞아 컵인되어 주기 때문에 '세게'란 표현의 폭이 꽤 여유가 있지만 경사를 많이 보지 않으면 들어가지 않는다. 라인에서 너무 세게 치면 컵을 지나쳐 크게 오버하게 되는가 하면 조금이라도 약하면 컵에 못 미치고 휘어져 버린다. 이 경우의 '세게'는 여지없이 쓰리퍼트의 위험으로 이어지게 되는 것이다.

많이 보지 않으면 안 되는 라인에서는 벗어나더라도 OK를 받을 정도의 강도로, 즉 저스트 터치로 살짝 치는 것이 정답이다.

이런 라인에서는 저스트 터치로 스트로크하더라도 컵인되는 라인은 하나밖에 없어 매우 어려운 라인이다. 프로도 원퍼트로 넣는 것은 어렵기 때문에 아마추어들은 가능하면 다음 퍼트가 오르막이 되도록 라인을 골라 투퍼트면 다행이라고 생각하고 치는 것이 좋다.

# 같은 라인에서 친 퍼트를
# 참고하는 방법

〈 라인 읽기의 법칙 〉

**대충의 감이 아닌 정확한 라인을 읽는 법칙**

퍼팅에서는 동반 플레이어의 퍼트를 참고하는 일이 많이 있다. 특히 같은 라인에 볼이 있고 동반 플레이어가 먼저 치게 되는 경우 상대는 당신에게 라인을 가르쳐 주는 선생이 된다.

슬라이스인지 훅인지 헷갈리는 경우 등 대부분이 참고가 될 수 있지만 여기서는 상대의 퍼트를 좀 더 활용하는 방법을 소개한다.

예를 들어 동반 플레이어 A씨의 볼(A)과 당신의 볼(B)이 다음 페이지의 그림과 같이 같은 라인에 있고 A씨가 먼저 컵인시켰다고 하자(A씨의 볼로부터 컵까지의 경사는 같다).

이 경우 보통의 골퍼라면 이렇게 생각한다. "A씨는 20cm 정도 우측으로 보고 컵인시켰다. 그러나 내 볼은 A씨보다 컵에 가까우니 같은 훅 라인이라 해도 A씨 정도로 많이 볼 필요는 없어." 정답이다.

그럼 구체적으로 어느 정도 보면 좋을까? 15cm? 10cm? 아니 5cm?

필시 그 정도는 자신의 감에 의존해 라인을 결정하는 사람이 거의

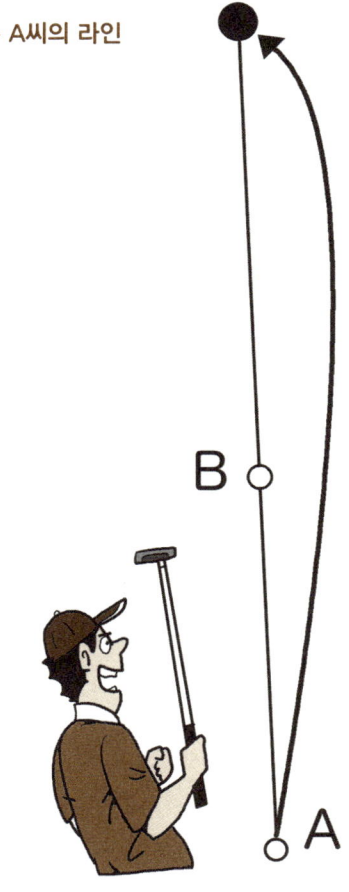

▶ A씨의 라인

대부분이지만 실은 여기에도 명확한 법칙이 있다. 즉 경사가 같은 그린에서 2개의 볼이 동일 라인에 놓여 있을 경우 두 번째 볼이 컵인하는 라인은 첫 번째 볼과 같다는 법칙이다.

지금의 경우를 말한다면, A씨의 볼을 우측 20도의 각도로 쳤다면 당신도 우측 20도의 각도로 치면 된다는 논리이다.

또한 다음 페이지의 그림과 같이 만약 A씨가 설정한 가상 컵의 위치를 알고 있다면 당신이 노려야 하는 포인트도 자동적으로 도출해 낼 수 있다.

만약에 당신의 볼이 A씨의 볼이 있던 장소와 컵을 연결한 선의 중간 지점에 있다고 한다면 그림과 같이 당신이 노려야 하는 가상 컵은 A씨가 설정한 가상 컵과 실제 컵의 정확히 중간이 된다(이 경우 보아야 할 라인은 20cm의 반인 10cm가 된다).

물론 이것은 A씨도 당신도 저스트 터치로 쳤다는 것이 대전제가 되며 이 법칙을 알고 있으면 지금까지 수없이 참고로 했던 동반 플레이어의 퍼트가 좀 더 큰 힌트가 될 수 있다.

### 혼자서도 라인을 정확히 읽도록 하자

또한 이 법칙을 알고 있으면 혼자서도 라인을 좀 더 정확히 읽을 수 있다. 예를 들어 당신의 볼이 A씨의 위치에 있다고 하면 볼과 컵의 중간 지점에 가서 그곳에서 어떤 라인이 되는지를 생각해 보는 방법이다. 만약 중간 지점에서 컵 1개의 훅 라인이라고 판단되면 실제

▶ 같은 라인에 있는 경우의 법칙

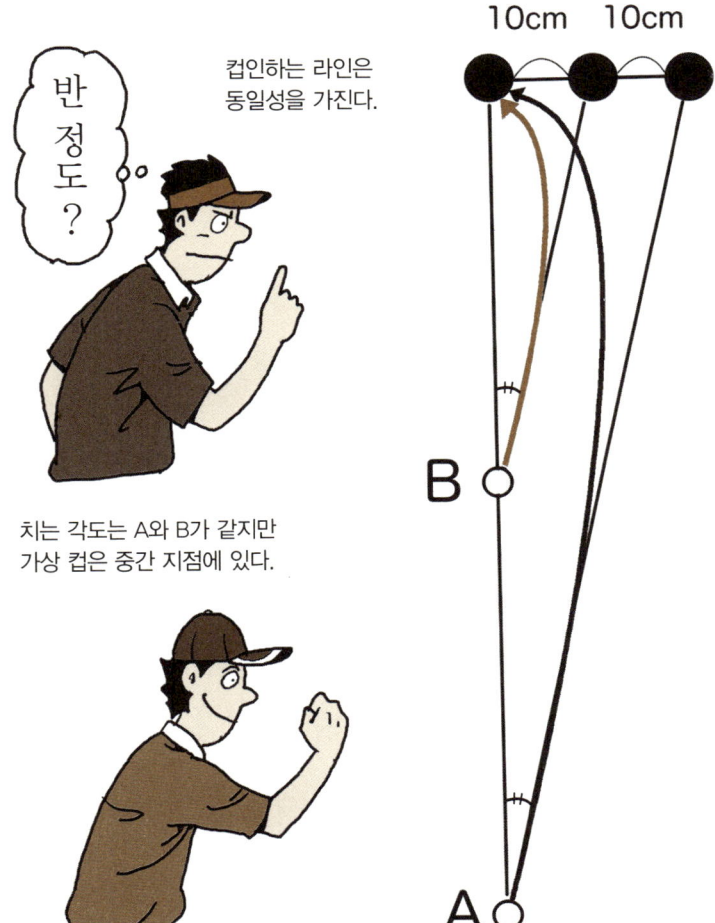

컵인하는 라인은 동일성을 가진다.

반 정 도 ?

치는 각도는 A와 B가 같지만 가상 컵은 중간 지점에 있다.

자신의 볼에서는 컵 2개 분의 훅 라인이 된다는 점이다.

　이렇게 해서 중간 지점에서 본 가상 라인과 실제 볼의 지점에서의 라인에 차이가 없다면 이 라인 읽기는 꽤 확률이 높은 라인 읽기라고 말해도 좋다.

# '홀컵 근처의 경사는 세밀히 본다'는 것이 사실인가

〈 라인 읽기의 함정 〉

퍼트 라인을 읽을 때 '홀컵 근처의 경사는 세밀히 본다'고 알려져 있다.

그것은 가격된 이후 잠시는 볼에 힘이 있어 경사의 영향을 덜 받지만 컵에 가까이 가면서 볼에 힘이 떨어져 경사의 영향을 많이 받는다는 말이지만, 과연 이것이 사실일까.

다음 페이지 그림1과 같이 2개의 라인이 있다고 하자. 거리는 둘 다 컵까지 6m, A는 중간까지 스트레이트이며 그 이후는 우측으로 경사가 있어 좌로 꺾인다. B는 중간까지 우측 경사(A라인의 후반과 똑같은 경사)가 있고 그 이후는 스트레이트이다.

또한 어느 쪽도 저스트 터치로 스트로크한다고 할 때 당신은 이 두 가지의 라인을 어떻게 볼 것인가?

▶ 그림 1

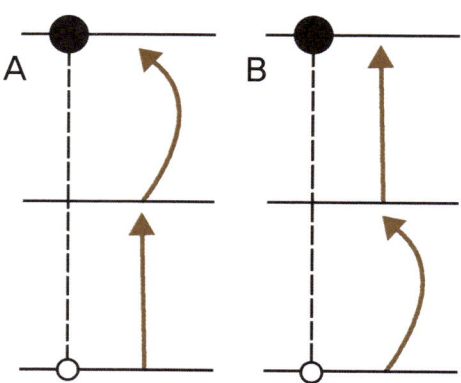

앞의 '법칙'으로 말하면 A의 라인은 좌측으로 꺾이니 상당히 우측을 보고 쳐야 한다. B의 라인은 전반에 경사가 있어도 볼에 힘이 있으므로 그렇게 많이 꺾이지 않고 후반엔 스트레이트이기 때문에 A만큼의 훅은 없다고 볼 수 있다.

그러나 정답을 말하자면 이 경우에는 그림 2와 같이 A도 B도 노려

▶ 그림 2

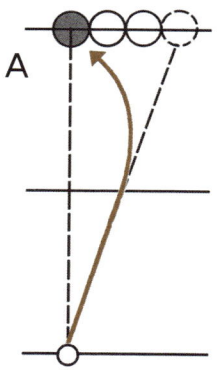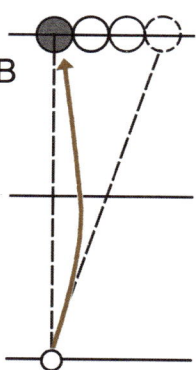

야 할 가상 컵의 위치는 같게 된다.

만약 A라인의 가상 컵을 컵 3개만큼 우측으로 보았다면 B도 그렇게 해야 한다. 컵인하기까지의 궤적은 달라도(A가 후반에 급격히 좌로 휘기 때문에 많이 보아야 할 것처럼 보인다) 치는 방향과 터치는 둘 다 같다.

이것은 A와 B가 경사의 형편이 같기 때문에, 즉 기울어져 있는 길이가 같기 때문에 경사가 라인의 어디에 있는가는 생각지 않아도 좋다는 뜻이다.

# 에스(S) 라인은
# 어디를 노려야 하나

〈 복잡한 라인의 법칙 〉

앞 페이지에서 소개한 법칙은 훅 라인과 슬라이스 라인이 섞여 있는 '에스(S) 라인'에도 응용할 수 있다.

예를 들어 다음 페이지 그림과 같이 전반은 훅, 후반은 슬라이스 라인이 있다고 하자. '컵 근처 경사일수록 라인에 영향을 준다'고 생각하면 후반의 슬라이스에 더 신경 쓰는 사람이 많을 듯하지만 그럴 필요가 없다.

이런 라인에서는 그림 A와 같이 우선 컵까지의 라인을 훅 구간과 슬라이스 구간으로 나눈다. 그래서 훅 구간은 마치 그 구간의 우측 끝부분에 컵이 있다고 생각하고 휘는 폭을 읽는다. 그리고 슬라이스 구간도 마찬가지로 휘어지는 정도를 읽은 후 2개의 휘어지는 폭을 단순히 덧셈하면 된다.

▶ 같은 라인에 있는 경우의 법칙

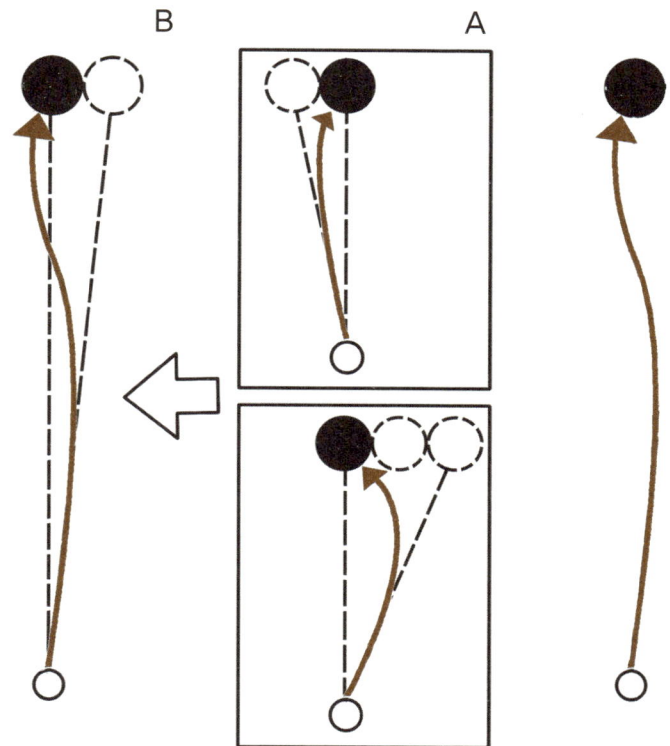

전반은 2컵 훅, 후반은 1컵 슬라이스.
이것을 덧셈하면 1컵 훅이 최종적으로 휘는 폭이 된다.
이 휘는 폭을 가상 컵으로 해서 똑바로 쳐준다(그림B).

이 경우라면 전반이 2컵 훅, 후반이 1컵 슬라이스이기 때문에 1컵 훅이 되는 셈이다.

이렇게 해서 최종적으로 휘어지는 폭이 결정되면 자동으로 가상 컵을 설정할 수 있게 된다(그림 B). 다음은 그 가상 컵과 볼을 직선으로 연결, 그곳을 향해 '똑바로' 쳐주기만 하면 된다. 실제 에스(S) 라인이란 것은 머리에서 깨끗이 지우고 스트레이트라고 생각하며 스트로크하는 것이 요령이다.

# '우로 꺾일까, 좌로 꺾일까'를 아는 방법

〈 쉽게 알 수 있는 단순법칙 〉

　퍼팅의 연습방법에 연습 그린의 컵 주위에 원을 그리듯 볼을 나란히 세워 놓고 순서대로 하나씩 집어넣는 방법이 있다.
　이 경우 그린은 적당한 경사가 있는 것이 좋다. 완전히 평탄한 그린에서는 다음 페이지 그림 A와 같이 볼이 어디에 있어도 그 라인은 볼과 컵을 잇는 직선이 되지만 그림 B와 같이 경사가 있으면 훅 라인부터 슬라이스 라인, 거기다 오르막, 내리막 라인까지 같은 거리에 있지만 여러 가지 라인을 연습할 수가 있다는 점이다.
　필시 독자들 중에도 이런 연습을 한 적이 있을 터이나 경사가 같은 그린에서는 컵인하는 라인이 그림 B와 같이 되며 더욱 경사를 크게 하면 그림 C와 같이 되는 것을 알 수 있다.
　이것은 골프를 하지 않는 사람들도 경사를 굴러가는 볼을 상상해 보면 금방 이해할 수 있는 부분이다.

그런데 문제는 이런 경사에 의한 컵인 라인을 실제 퍼팅 시에 활용하는 사람이 아주 적다는 사실이다.

그림 B와 C를 유심히 보게 되면 컵까지의 라인이 스트레이트인 라

▶ **라인이 슬라이스인가 훅인가를 읽는 방법**

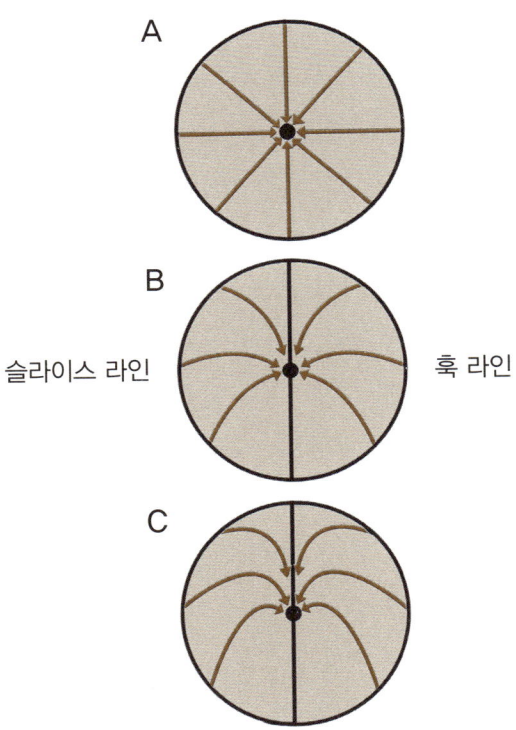

인은 1개뿐인 것을 알 수 있다. 이것이 스키에서 말하는 최대사도\*의 라인이란 것으로 이곳을 직활강으로 미끄러져 내려오는 것이 가장 단거리인데 바로 여기서 말하는 퍼팅할 때의 스트레이트 라인이다.

그런데 여기서 주목해야 하는 것이 이 스트레이트 라인을 밑에서 보았을 때 우측에 있는 볼은 전부 좌로 꺾이고 좌측에 있는 볼은 전부 우로 꺾인다는 점이다.

이것은 오르막 내리막에 관계없이 볼이 스트레이트 라인의 우측에 있는가, 좌측에 있는가로만 결정되는 사실이다.

이런 사실은 실제 퍼팅 시에 스트레이트 라인만 알게 되면 자신의 볼이 어느 쪽으로 꺾일 것인가를 알 수 있다는 말이다. 그리고 자신의 볼이 스트레이트 라인에 가까이 있을수록 휘어지는 정도가 작다는 것도 알 수 있게 된다.

이 법칙을 라인을 읽을 때 활용하지 않을 수가 없다. 실제 퍼팅 시에 좌우 어느 쪽으로 휠지 알 수 없는 미묘한 라인이 많이 있다. 이런 때에는 '똑바로 굴러가는 라인'을 찾아내고 자신의 볼이 그 라인의 좌우 어느 쪽에 있는가를 체크해 보는 방법이다. 경사의 밑쪽에서 보아 볼이 그 라인의 우측에 있으면 훅, 좌측에 있으면 슬라이스이다.

---

\* 최대사도: 스키 활강 시 최고점과 최저점, 즉 출발지점에서 도착지점을 직선으로 잇는 최단거리를 말한다.

# '넣지 못하더라도 프로답게'라고 말하는 이유

〈 쓰리퍼트를 하지 않는 비결 〉

퍼팅 시 '벗어나는 모습'에도 '프로답게'와 '아마추어스럽게'가 있다고 한다.

'프로답게 벗어난다'는 것은 예를 들어 슬라이스 라인에서 컵의 윗부분을 지나치는 것을 말하며 '아마추어스럽게 벗어난다'는 것은 컵에 못 미치고 우측으로 휘어져 버리는 것을 말한다.

왜 전자를 프로답다고 하는가 하면 2가지 이유를 생각해 볼 수 있다.

'Never up never in'이란 격언이 있듯이 '지나가지 않는 퍼트는 들어가지 않는다', 'Putting is money'라고 하는 프로의 세계에서 퍼팅이 늘 짧기만 하는 프로는 그야말로 살아남을 수 없기 때문에 프로답게가 필요한 것이다.

또 하나는 프로답게 벗어난 퍼트는 다음 퍼트가 간단하기 때문이다. 앞 장의 컵인하는 라인에 관한 이야기를 생각해 보기 바란다.

슬라이스 라인을 프로답게 벗어나면 그림 A처럼 스트레이트 라인의 우측에 볼이 있기 때문에 다음 퍼트는 반드시 훅 라인이 된다.

▶ '프로답게'와 '아마추어스럽게'의 비교

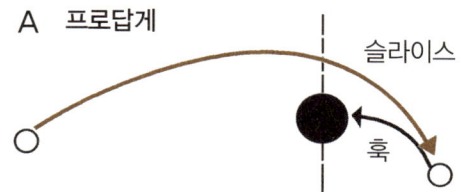

프로답게 벗어났을 경우에는 왔던 길을 그저 되돌려 치는 것이기에 다음 퍼트가 간단하다.

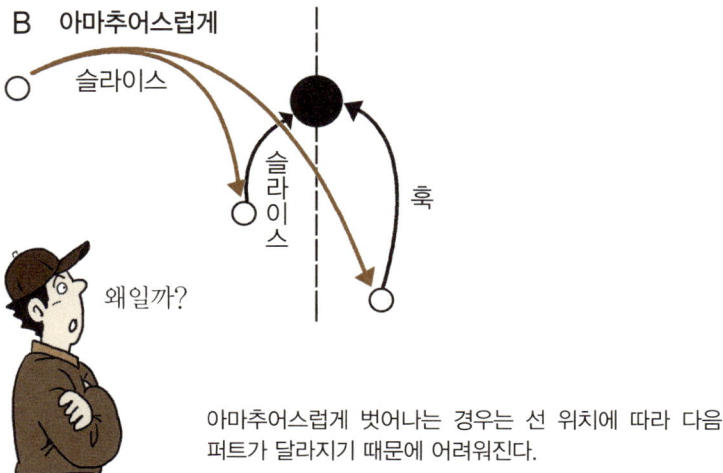

아마추어스럽게 벗어나는 경우는 선 위치에 따라 다음 퍼트가 달라지기 때문에 어려워진다.

185

한편 아마추어스럽게 벗어나는 경우 볼은 그림 B와 같이 스트레이트 라인에 못 미치거나 그 라인을 지나쳐 서는 경우도 있다. 전자라면 볼은 다시 스트레이트 라인의 왼쪽에 있기 때문에 다음 퍼트도 슬라이스 라인이 되며, 후자인 경우는 볼이 스트레이트 라인의 오른쪽에 있기 때문에 다음은 훅 라인이 된다.

즉 아마추어스러운 경우는 첫 번째 퍼트가 어디에 섰는가에 따라 휘어지는 방향이 정반대가 되기에 그것만으로도 다음 퍼트가 어렵게 된다.

프로골퍼가 두 번째 퍼트를 아주 간단히 집어넣는 것은 그들이 프로답게 벗어났기 때문에 다시 라인을 읽는 번거로움 없이 조금 전에 쳤던 그대로 다시 볼을 보내면 되기 때문이다.

# '똑바로 50cm'만 치면 된다

⟨ 스트로크의 진수 ⟩

　라인을 읽는 방법에 관하여 여러 가지로 설명해 왔지만 여기서는 다시 한 번 퍼팅의 스트로크로 돌아가 보자.
　먼저 번에 스트로크의 방법은 사람에 따라 다르다고 말했지만 스트로크의 목적은 실은 하나밖에 없다. 거리감을 별도로 한다면 그것은 '노렸던 곳에 똑바로 볼을 쳐주는 것'—이것 하나이다.
　생각해 보면 퍼터라는 클럽은 다른 클럽과 달리 슬라이스나 훅, 높은 볼 낮은 볼 등으로 세분해서 치는 것이 불가능하다. 아니, 그럴 필요가 없다.
　퍼팅이란 원하는 곳에 똑바로 쳐주는 것이 가능하다면 그것으로 OK이다. 왼쪽으로 꺾이는 라인이더라도 가상 컵이 홀컵의 오른쪽에 오도록 하면 목표지점은 가상 컵에 대해 '똑바로'가 된다.

지금까지 라인을 읽는 법에 관하여 많이 설명했지만 결국은 어느 곳에 가상 컵을 설정할 것인가에 대한 이야기였다. 실제 스트로크 시에는 그 가상 컵에 '똑바로' 쳐주는 것이 가장 중요하다. 어떤 스트로크라도 '목표로 하는 곳에 똑바로 쳐주는 것'만 할 수 있다면 그것으로 끝이다.

 똑바로 쳐주는 거리도 처음에는 50cm를 똑바로 쳐주는 연습을 하면 좋다. 50cm라는 거리는 퍼팅의 어드레스 시 시야의 좌측 끝에 어렴풋이 보이는 상태이다. 별일이 없는 한 3m나 10m의 퍼트에서도 이 50cm만 똑바로 쳐주고 터치만 맞아준다면 컵인시킬 수 있다고 생각해도 된다.

▶ **우선은 50cm를 똑바로 쳐주는 연습을**

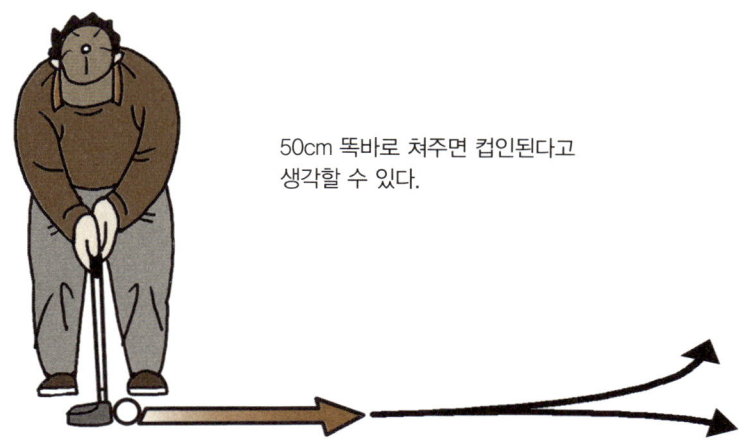

50cm 똑바로 쳐주면 컵인된다고 생각할 수 있다.

프로들 중에는 라인의 목표점(스팟)을 볼로부터 50cm 정도에 있는 라인 상의 지점으로 정하고 그곳을 통과시키는 것만을 생각하며 스트로크하는 사람이 많이 있다.

그 이후는 터치의 문제라고 생각하면 퍼팅이란 게 꽤 간단해진다. 컵인의 확률은 그것만으로도 높아지게 되는 법이다.

# 눈의 위치가 나쁘면 퍼트가 들어가지 않는 이유

〈 시선과 구질의 관계 〉

　퍼트를 노리는 곳으로 '똑바로' 보낼 수 없다는 것은 골퍼에게 있어서는 치명적인 결점이지만 그 원인이 치는 방법이 잘못되어서가 아니고 '눈의 위치'에 있는 경우가 적지 않다.

　퍼팅 시의 자세로는 생각한 라인 바로 위에 두 눈도 가는 것이 기본이지만 다음 페이지 그림 A처럼 두 눈이 라인의 안쪽에 있으면 어떻게 될까? 이 경우는 컵이 라인 우측에 있는 것처럼 보이기 때문에 골퍼는 무의식중에 몸의 방향과 퍼터 페이스를 우측으로 잡고 만다. 그래서 "우측으로 밀려 버렸어"라고 탄식하지만 몸도 퍼터 페이스도 우측으로 향하고 있기 때문에 밀린 것이 아니고 우측으로 똑바로 친 것뿐이다.

　반대로 그림 B처럼 두 눈이 라인 바깥쪽에 있으면 이번엔 컵이 라인 좌측에 있는 것처럼 보이기 때문에 골퍼는 무의식중에 몸의 방향과 퍼터 페이스를 왼쪽으로 향하게 한다. 이것도 "아, 당겨 버렸어"라고 하지만 실제로는 좌로 똑바로 쳤다는 것을 이제 알게 될 터이다.

▶ 똑바로 치지 못하는 원인이 눈의 위치에 있을지도……

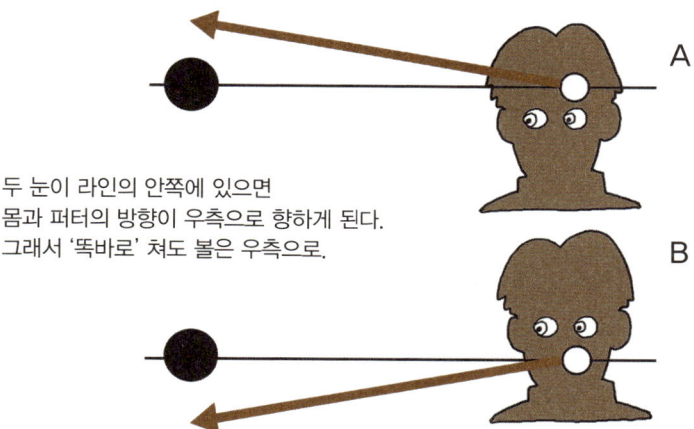

두 눈이 라인의 안쪽에 있으면 몸과 퍼터의 방향이 우측으로 향하게 된다. 그래서 '똑바로' 쳐도 볼은 우측으로.

두 눈이 라인의 바깥쪽에 있으면 몸과 퍼터가 좌측으로 향하고 만다. 그래서 '똑바로' 쳐도 볼은 좌측으로.

생각한 라인 바로 위에 두 눈이 오도록 하는 것이 '절대원칙.'

이렇게 잘못 친 것이 아니고 눈의 위치가 잘못되고 그로 인해 몸과 퍼터 페이스의 방향이 잘못되었기 때문이다.

골프가 표적을 노리는 타깃 스포츠인 이상 눈은 대단히 큰 역할을 담당하고 있다. 아주 미세한 라인을 읽지 못하면 안 되는 퍼팅에서 눈으로부터의 정보는 없어서는 안 되는 대단한 것이다. 눈으로부터의 정보는 스트로크라는 몸의 움직임마저 지배하고 있는 셈이다.

퍼팅이 잘되고 못됨은 '어디를 볼 것인가' '어떻게 볼 것인가'에 의해 결정되는 바가 크므로 눈을 중요하게 생각하자.

# '오르내리막의 거리감'을 잡는
# 숨은 비법

〈 고저차의 공식 〉

    그린의 빠르기는 스팀프 미터(stimp meter)라는 기계에 의해 계측된다.

    스팀프 미터는 골프 볼을 굴리기 위한 미끄럼틀 같은 약 90cm의 V자형 레일의 봉으로 그린에 접지하는 면은 볼이 매끄럽게 그린을 굴러갈 수 있도록 비스듬하게 깎여 있고 한쪽 끝은 15cm 정도의 곳에 볼을 세워 놓는 눈금이 있다.

    스팀프 미터를 평평한 곳에 설치하고 눈금 부분에 볼을 놓아 자연스럽게 굴러가도록 끝을 들어 올린다. 볼이 굴러가기 시작하는 것은 대개 26cm 정도의 높이가 되었을 때이며 이때의 각도는 약 20도이다. 이렇게 해서 그린에서 볼이 굴러가는 거리를 재고 다음은 방향을 180도 바꾸어 같은 방법으로 거리를 측정해 그 평균치가 스팀프 미터의 수치가 된다.

요약하면 경사 20도, 길이 75cm의 미끄럼틀에서 볼을 굴려 그린 위에서 굴러간 거리가 그 그린의 빠르기를 표시하는 수치가 되는 것인데 여기서 생각해 봐야 할 것이 중학교 물리학에서 배운 '에너지 보존의 법칙'이다.

볼이 굴러가기 시작할 때의 높이가 약 26cm라고 하는 것은 볼이 가지고 있는 에너지가 처음에는 26cm라고 하는 높이의 '위치 에너지'였다가 그 높이에서 낙하하면서 '굴러가는 에너지'로 변환되었다는 것이 된다. 가령 스팀프 미터의 수치가 9피트(2m74cm)라고 하고 지금까지의 이야기를 퍼팅의 경우로 바꾸어 보자.

먼저 26cm의 고저차가 있는 내리막 라인에서는 볼을 건드리기만 해도 적어도 '2m74cm+75cm(스팀프 미터의 미끄럼틀 길이)' 굴러간다는 것이 된다. 여기서 '적어도'라고 말하는 것은 볼을 건드렸을 때는 외부(퍼터 헤드)로부터 에너지가 가해지기 때문이다.

이것을 기억하기 쉽게 법칙화하면 대충 말해서 골프 볼은 고저차 10cm에 대해 거의 1m 넘게 굴러간다는 사실이다.

예를 들어 10m의 내리막 퍼트에서 고저차가 30cm 있다면 평평한 그린의 7m 터치로 치면 컵에 다다른다는 이치이다.

오르막의 경우는 역으로 10cm에 대해 1m를 굴러가는 에너지가 쓰인다는 계산이 되어, 즉 이 라인을 역으로 쳐 컵인시키기 위해서는 평평한 그린에서 13m의 퍼트를 치는 요량으로 스트로크하면 된다는

▶ 예를 들어 10m에 고저차 30cm라면……

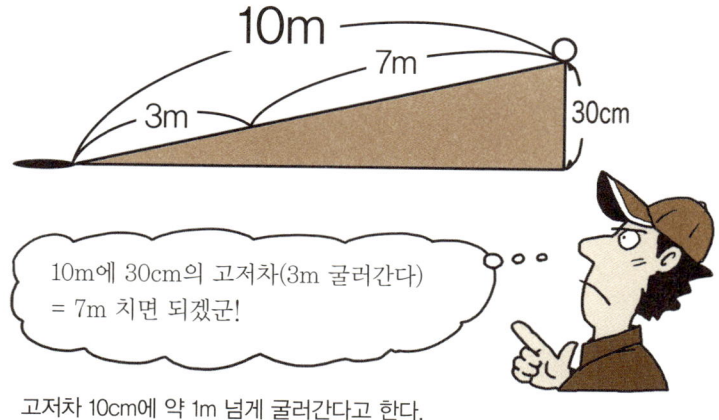

고저차 10cm에 약 1m 넘게 굴러간다고 한다.

논리이다.

이 법칙은 균일한 각도로 경사진 그린뿐만 아니고 2단 그린에서 혹은 내리막이었다 오르막 그리고 또 내리막인 복잡한 경사의 그린에서도 꼭 들어맞는다. 중요한 것은 볼이 있는 곳과 컵까지의 경로는 어떻든지 간에 고저차가 어느 정도인지만 보는 것이 좋다.

다만 볼로부터 컵까지의 고저차는 한번 그린에 올라가면 파악하기 어려우므로 라인의 경사는 그린에 올라가기 전에 잽싸게 읽어두는 것이 대단히 중요하다고 말하는 것이 이런 이유이다.

# 거리를 착각하게 하는 '시각의 함정'

〈 경사와 거리감 〉

　내리막 퍼트는 오버하기 쉽고 오르막 퍼트는 짧게 치기 쉬운 것이 대개의 아마추어들의 경향이다. 어느 것이나 경사를 가볍게 본 거리감의 미스라고 말할 수 있지만 실은 눈의 착각일 경우가 있다.
　다음 페이지 그림은 골퍼가 1.평평한 그린, 2.내리막 경사, 3.오르막 경사에서 홀컵을 보고 있는 그림이다. 어느 것이나 골퍼와 컵까지의 거리는 같지만 상황에 따라 달라 보이는 이유는 골퍼의 착각 때문이다.
　다음 페이지 선의 길이를 보면 알 수 있듯이 경사면의 위로부터는 눈과 컵까지의 거리가 볼과 컵까지의 거리보다 길어지고 경사면의 밑에서부터는 눈과 컵까지의 거리가 짧아지게 된다. 그렇기 때문에 내리막 퍼트는 거리를 길게 보아 오버하게 되고 오르막 퍼트는 거리를 짧게 보아 못 미치게 되는 경향이 있다.

　이런 착각에 빠지지 않기 위해서는 컵까지의 거리를 발걸음으로 재어 보고 거기다 앞 장에서 소개하였던 고저차의 공식을 이용해서 거리감을 가감하면 된다.

▶ **경사면에 따른 눈의 착각**

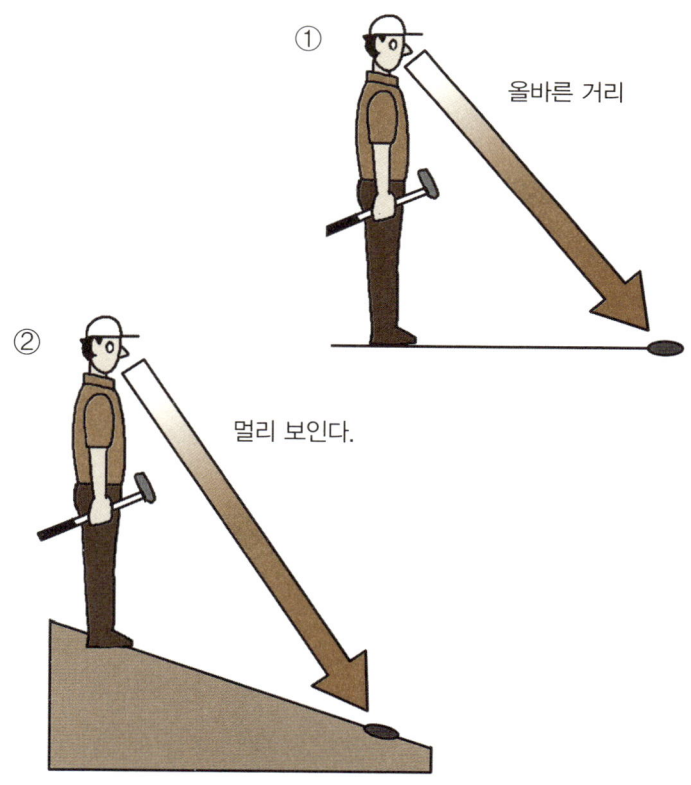

③ 가깝게 보인다.

어느 것이나 골퍼와
컵까지의 거리는 같지만
경사에 따라 달리 보인다.

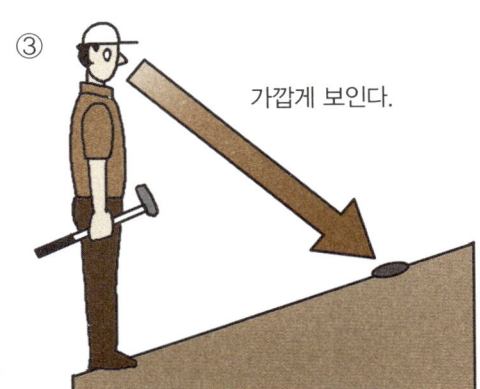

# 미묘한 터치를 내는
# 연습 스윙의 요령

〈 연습 스윙의 장소 〉

   프로의 토너먼트를 관전하고 있으면 그들이 그린 위에서 퍼터의 연습 스윙을 할 때 하나의 패턴이 있는 것을 알 수가 있다.
   퍼터의 연습 스윙은 말할 필요도 없이 터치를 확인하기 위한 작업이지만 프로 중에는 오르막 라인에서는 볼 뒤에서, 내리막 라인에서는 볼보다 컵에 가까운 곳(라인을 밟지 않는 곳)에서 연습 스윙을 하는 골퍼가 많이 있다.
   이것은 터치감을 파악하기 위한 하나의 방법이다.
   예를 들어 오르막 5m의 퍼트는 평지 그린이라면 6m의 터치가 필요하다고 판단하여 컵 1m 뒤, 즉 실제로 컵까지 6m의 거리에 서서 거리를 눈으로 확인해 가며 연습 스윙을 한다.
   반대로 내리막 5m이지만 4m의 터치로 된다고 판단되면 1m 정도 컵에 가까이 다가가 실제 4m를 보면서 연습 스윙을 해서 터치감을 잡으려고 하는 이치이다.

경사에 따른 자신의 거리감을 조정하는 것은 간단하지가 않다. 그

▶ 예를 들어 5m의 퍼트라면……

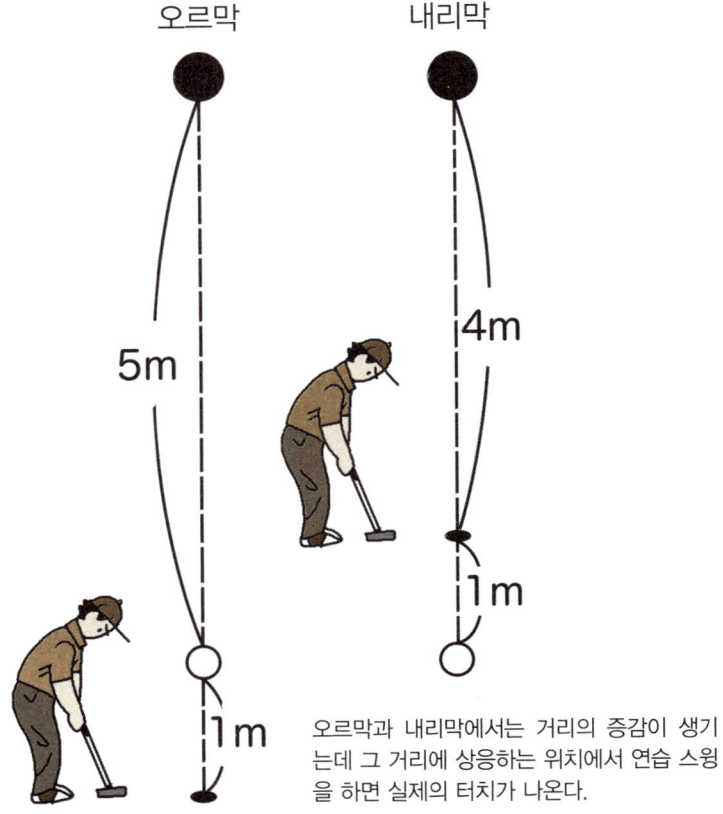

오르막과 내리막에서는 거리의 증감이 생기는데 그 거리에 상응하는 위치에서 연습 스윙을 하면 실제의 터치가 나온다.

러나 경사에 의한 거리의 증감을 가미하여 평평한 그린이라고 생각하면 자신 나름의 거리감을 도출해 낼 수 있다. 이것도 골프를 쉽게 하기 위한 지혜의 하나라고 말할 수 있다.

# '2배의 거리는 2배의 스윙 폭'으로 치는 것은 잘못

〈 시계추의 물리학 〉

　퍼팅 시의 거리감을 잡기 위해서는 결국은 몇 번이고 볼을 쳐보지 않으면 안 된다.
　이것은 예를 들어 야구에서 "10m의 볼을 던질 때의 힘 조절법은?" 하고 물어보면 아무도 대답할 수 없는 것과 같은 이치이다.
　처음으로 캐치볼을 하는 아이는 초기에는 볼이 상대에게 미치지 못하거나 상대가 점프해도 잡지 못하는 정도로 멀리 던져 버리고 마는 등 감을 잡지 못하나 몇 번이고 캐치볼을 반복하는 동안 점점 '거리감'에 맞춰갈 수 있게 된다.
　퍼팅도 그것과 아주 비슷하다. 몇 번이고 퍼팅을 반복함으로써 5m라면 자신만의 5m 터치를 파악할 수밖에 없다.
　다만 이렇게 말해 버리면 '머리를 쓰는 골프'라는 본서의 취지에서 벗어나기 때문에 여기서는 5m의 터치감을 잡았다 가정하고 이를 10m의 터치에는 어떻게 응용하는가 하는 문제에 관하여 물리학에서 말하고 있는 것을 소개하기로 하자.

예를 들어 당신이 퍼트의 거리감을 퍼터 헤드의 스윙 폭으로 컨트롤하고 있다고 하자. 스트로크를 하는 방법은 정통적인 시계추 식이다.

이 경우 당신은 헤드의 스윙 폭으로 거리감을 낸다고 생각하고 있는지 모르지만 시계추 식의 스트로크의 경우 물리학적으로는 '헤드의 스윙 폭'이 아니고 '헤드의 높이'에 의해 거리감을 컨트롤하고 있는 것이 된다.

스팀프 미터의 이야기에서도 기술했다시피 시계추의 스트로크는 헤드를 어느 높이에서 그린 위의 볼을 향해 낙하시킴으로 헤드의 위치 에너지를 볼이 굴러가게 하는 운동 에너지로 전환시키는 것이므로 5m의 거리감이 몸에 배어 있는 골퍼가 10m의 터치를 내기 위해서는 퍼터 헤드를 5m의 경우보다 2배 높이까지 들지 않으면 안 된다고 생각할 것이다.

그러나 문제는 시계추 방식의 경우 헤드의 높이는 스윙 폭과 비례하지 않는다는 사실이다. 다음 페이지 그림을 보면 알 수 있듯이 헤드의 스윙 폭은 높이의 제곱근에 비례한다.

이 얘기는 가령 5m의 터치를 낼 때 클럽 헤드를 20cm 당겼다고 한다면 10m의 터치 시는 2배의 평방근인 약 1.41배의 스윙 폭(이 경

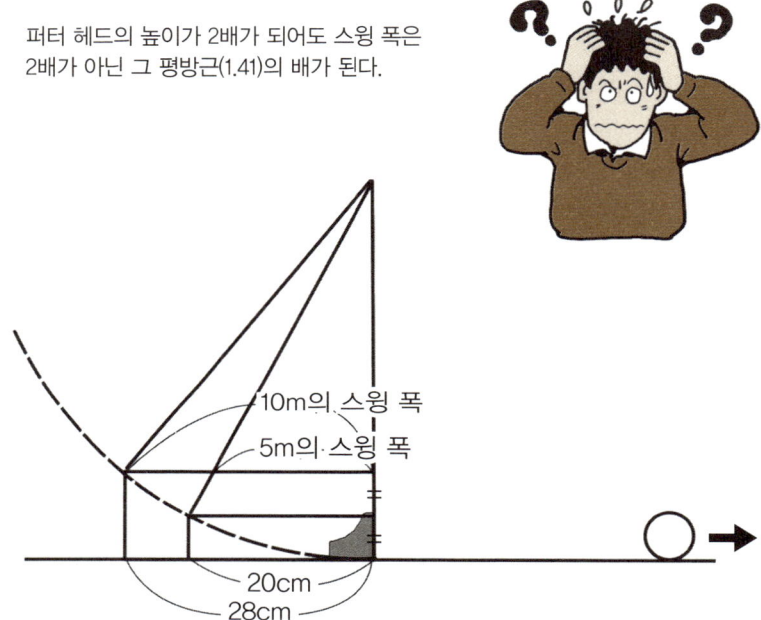

우 약 28cm)이면 된다는 점이다.

역으로 5m의 반인 2.5m의 터치라면 1/2의 제곱근인 약 0.7배의 스윙 폭(이 경우 14cm)이 된다는 이치이다.

물론 인간은 기계가 아니기 때문에 완전한 시계추 식의 퍼팅은 할 수 없지만 거리가 2배라고 스윙 폭도 2배는 아니라는 것은 분명히 알아야 한다.

# 5장

좋은 기분을 유지해 주는

# 도구의 과학

당신에게 어울리는
도구를 만나는
**멋진 클럽의 물리학**

# 클럽 선택 시 왜 '무게'가 가장 중요한가

〈 5I의 중량 〉

　새로 클럽을 구입하려고 할 때 당신은 어떤 기준으로 클럽을 선택할 것인가. 이 장에서는 골프 클럽을 과학적 견지에서 연구하고 있는 가토 겐이치씨의 인기 사이트 '골프클럽수치.com'(http://www.golf-clubsuuchi.com)을 참고해 가면서 클럽 선택의 '정답'을 찾아보고자 한다. 먼저는 드라이버이다.

　드라이버 선택의 기본은 총중량이다. 구체적으로는 '지금 사용하고 있는 5번 아이언의 총중량(헤드+샤프트+그립의 중량)−90~100g의 드라이버를 선택'하는 것이다.

　골프 클럽의 선택요소로는 총중량 외에 밸런스, 샤프트의 경도, 상태(킥 포인트) 등이 있는데 가장 중요한 것은 이 클럽으로 스윙했을 때 '기분이 좋은가'의 여부이다. 그리고 이 '기분 좋음'을 결정하는 가

장 큰 요인이 '총중량'이다

좀 이른 결론이지만 너무 무거운 클럽은 '휘두르기 어렵고', 너무 가벼우면 '믿을 수가 없어'진다. 이것은 샤프트와 헤드의 성능을 운운하기 이전의 문제이다.

드라이버를 말하기 전에 아이언의 총중량이 중요한 것은 골프란 아이언을 사용하는 기회가 압도적으로 많기 때문이다. 즉 그 골퍼에게 있어 최적의 아이언이 결정되면 자동적으로 적정한 중량의 드라이버도 결정되는 셈이다. 그러면 어느 정도 무게의 아이언이 최적인가?

옛날부터 잘 알려져 왔던 것은 '휘두를 수 있는 범위 안에서 무거울수록 스윙이 안정된다'는 것으로 이것은 불변의 진리라고 해도 좋다. 가벼운 클럽은 처음에는 휘두르기 쉬울지 모르지만 너무 오버스윙이 되어 방향성이 불안정하거나 훅이 나기 쉽다. 특히 아이언은 거리용 클럽이 아니고 일정한 비거리와 방향성이 생명이기 때문에 플레인에

▶ 헤드스피드에 따른 샤프트의 추천

| 헤드스피드 | 추천 샤프트(아이언) |
| --- | --- |
| ~38m/s | 카본(70g 이하) |
| 38~42m/s | 경량 스틸(90g 전후) |
| 42~45m/s | 약간 무거운 스틸(100~110g) |
| 45m/s ~ | 무거운 스틸(110~120g) |

서 잘 벗어나지 않는 약간 무거운 클럽이 좋다. 카본 샤프트 등 가벼운 클럽을 사용하는 것은 나이가 들어 18홀을 계속해서 휘두를 힘이 없어지는 때부터 사용해도 늦지 않다.

예를 들어 5I(38인치 전후)에 다이내믹 골드를 장착하면 총중량은 430g 전후가 된다. 아이언이 이것으로 OK가 된다면 드라이버는 45인치로 320~325g 정도의 것이 최적이다.

'N.S.Pro950' 등의 경량스틸 샤프트라면 5I이 400g 전후가 되기 때문에 그것에서 100g 정도 빠진 300g 전후의 드라이버가 자신에게 맞는 것이라는 말이다.

# 긴 드라이버가
# 왜 가벼운가

〈 클럽 셋팅 시의 주의 〉


 길이가 긴 드라이버는 샤프트가 긴 만큼 원심력이 커져 비거리를 내기 쉬우나 총중량은 오히려 가볍다. '길고 무거운 클럽'은 휘두르기가 어렵기 때문이다.

 예를 들어 45인치, 320g 드라이버에 익숙해 있던 골퍼가 46인치 드라이버로 바꾸려고 할 경우 적정 총중량은 310g으로 10g 가벼워야 한다. 마찬가지로 47인치로 하려면 300g 이하로 하지 않으면 아마도 휘두를 수 없게 될 것이다. 이렇듯 클럽의 총중량을 무겁다고 느끼는지 여부는 샤프트의 길이에 따라 변하게 된다.

 골프클럽은 샤프트가 제일 짧은 샌드웨지가 제일 무겁고 샤프트가 제일 긴 드라이버가 가장 가벼운데 이것은 어떤 클럽이라도 같은 감각으로 휘두르기 위해서다.

그런데 아마추어골퍼 중에는 이 샤프트의 길이와 클럽 무게의 관계를 무시하고 클럽 셋팅을 원칙없이 하는 사람이 많이 있다.

또한 아이언은 잘 맞추어져 있어도 유틸리티(UT)나 페어웨이 우드(FW)의 맞춤이 나쁜 경우도 적지 않다. 예를 들어 5I이 400g(38인치)인 경우 4I을 대체하는 UT는 39인치의 390g이, 42인치의 5W로는 340g이, 42.5인치의 3W로는 330g 정도가 적정하다. + − 10g 정도는 허용범위이지만 아이언과 UT나 FW의 총중량차가 너무 나거나

▶ **클럽의 길이와 이상적인 총중량**

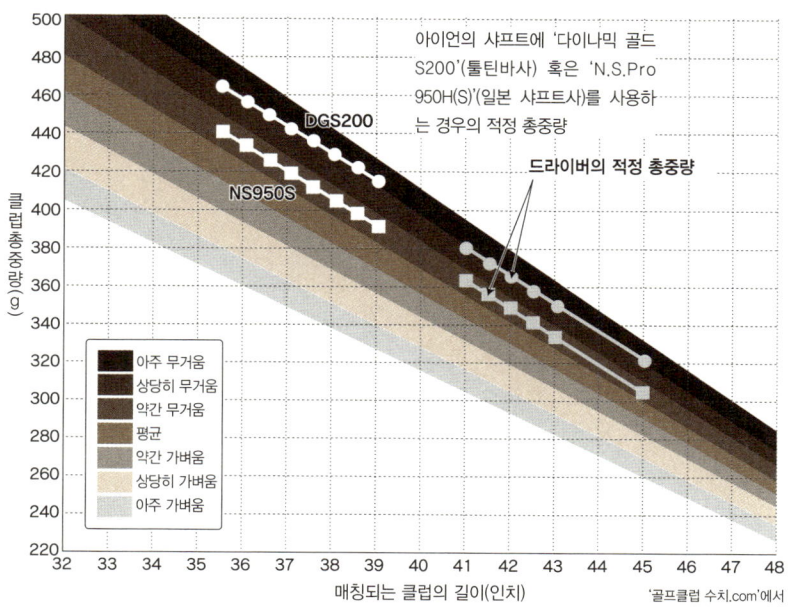

나지 않으면 클럽에 따라 스윙템포가 변하기 쉽다. 너무 가벼운 경우는 탑볼이나 왼쪽으로의 미스가 나기 쉬우며 너무 무거운 경우는 뒤땅이나 우측으로의 미스가 나기 쉽다.

아이언부터 UT, 우드까지 동일 메이커의 동일 시리즈로 갖추었다면 최소한 이런 일은 없겠지만 예외의 경우도 있다. 특정 클럽이 유독 미스가 많이 날 때에는 그 클럽의 총중량을 체크해 보기 바란다.

## '스윙 웨이트'를 클럽 선택 시 이용하자

〈 휘두르기 쉬운 것은? 〉

'스윙 웨이트'(밸런스라고도 한다)란 헤드의 움직임 정도를 나타내는 수치로 같은 300g 드라이버의 경우도 헤드가 무겁고 샤프트나 그립이 가벼우면 그 클럽은 스윙 웨이트가 무겁다고 하고 반대라면 가볍다고 한다.

헤드가 가벼운 정도에 따라 A, B, C, D, E의 단계로 나뉘며 거기에 각각의 단계를 다시 가벼운 정도부터 0~9의 10단계로 나눈다. 즉, 스윙 웨이트는 'D1'이나 'C9' 이런 식으로 표시된다.

다만 헤드의 움직임 정도를 어떻게 느끼는가는 사람마다 제각각이다. 같은 필기용구라도 펜 끝이 무거운 만년필이 쓰기가 쉽다는 사람이 있는가 하면 펜 끝이 가벼운 것이 쓰기 쉽다고 하는 사람도 있다. 골프클럽도 같은 이치이다. 헤드의 무게를 느끼는 쪽이 휘두르기 쉽다고 생각하면 조금 무거운 밸런스의 클럽을 사용하면 되고 그렇지 않다고 하면 조금 가벼운 밸런스의 클럽을 사용하면 된다.

또한 같은 샤프트를 장착한 아이언 셋트의 경우 모든 클럽의 스윙 웨이트는 같은 것이 휘두르기 쉽다는 법칙도 있다(단, 웨지만은 조금 무거운 것이 휘두르기 쉽다고 느끼는 골퍼가 많이 있지만).

그렇지만 같은 스윙 웨이트라도 무거운 스틸샤프트의 클럽과 가벼운 카본샤프트의 클럽을 같은 감각으로 스윙할 수는 없다. 보통은 가벼운 것이 휘두르기 쉬우며 스윙 웨이트를 비교하는 것은 어디까지나 같은 무게의 클럽이어야 한다.

▶ 헤드스피드와 이상적인 스윙 웨이트(드라이버의 경우)

【체력에 어느 정도 자신이 있는 남성】(샤프트 S, X)
　42~50 m/s = C0~D3

【평균적인 헤드스피드의 남성】(샤프트 SR, R)
　38~40 m/s = C7~D0

【조금 힘이 있는 여성】(샤프트 L)
　32~36 m/s = C2~C5

【일반적인 여성】(샤프트 A)
　28~34 m/s = A1~C0

일반적으로 상급자용의 무거운 클럽일수록 스윙 웨이트도 무거워 (D1 이상)지나 스윙 웨이트는 골퍼의 감성에 따른 것이기 때문에 모든 사람을 위한 법칙은 있을 수 없다.

구태여 말한다면 무거운 편의 스윙 웨이트는 스윙템포가 느린 골퍼에게, 가벼운 편의 스윙 웨이트는 스윙템포가 빠른 골퍼용이라고 말할 수는 있다.

# '스윙 웨이트'를 간단하게 조정하는 방법

〈 클럽을 살리는 법 〉

　모처럼 새로 산 드라이버인데 점점 헤드가 무겁게 느껴져 잘 휘두를 수 없게 되면 이 클럽을 포기하기 전에 자신이 스윙 웨이트를 조정해 보는 것은 어떨까. 스윙 웨이트의 조정에는 몇 가지 방법이 있다.

　1. 납을 붙인다.
　헤드의 힐 부분(샤프트와의 연결부분)에 납을 붙이면 스윙 웨이트가 증가한다. 같은 무게의 납이더라도 클럽이 길수록 스윙 웨이트의 증가율이 높아지는데 예를 들면 38인치 아이언인 경우 1g의 납을 붙이면 스윙 웨이트는 약 0.5포인트, 45인치 드라이버라면 약 0.6포인트 증가한다.
　2. 그립의 무게를 바꾼다.

그립을 5g 가볍게 하면 스윙 웨이트는 약 1포인트 증가하며 5g 무겁게 하면 약 1포인트 감소한다.

3. 샤프트의 길이를 바꾼다.

샤프트를 길게 하면 스윙 웨이트는 증가하고 짧게 하면 감소한다. 그 효과는 짧은 클럽일수록 크게 된다. 예를 들어 38인치 아이언을

▶ 스윙 웨이트의 조정법

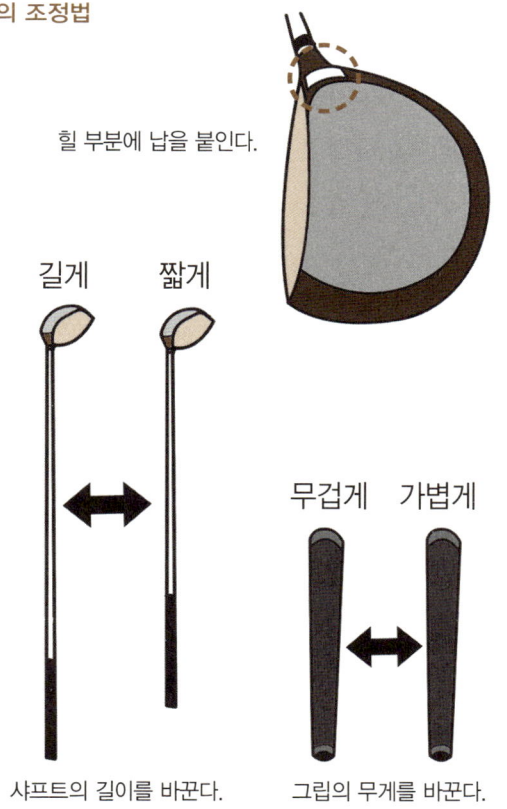

힐 부분에 납을 붙인다.

길게　짧게

무겁게　가볍게

샤프트의 길이를 바꾼다.　　그립의 무게를 바꾼다.

0.5인치 줄이면(혹은 늘리면) 스윙 웨이트는 약 0.3포인트 감소(혹은 증가)한다. 한편 이것이 45인치 드라이버라면 0.5인치 짧게(혹은 길게) 하면 스윙 웨이트는 약 2.5포인트 감소(혹은 증가)한다.

반대로 헤드가 너무 돌아버리는 감을 느낄 때에는 그립을 무겁게 하든가 샤프트를 짧게 하면 좋다. 창고에 처박아 두는 것은 그 이후에라도 늦지 않다.

# 로프트 각 13도의 드라이버를
# 좀처럼 볼 수 없는 이유

〈 표시의 함정 〉

**로프트 각에 대한 에버리지 골퍼의 오해**

'로프트 각'이란 클럽의 페이스 면과 호젤(샤프트와 헤드가 만나는 부분) 중심선의 각도이다. 로프트 각도가 크면 페이스가 위로 향하기 때문에 탄도가 높아지며 작으면 낮아지게 된다. 로프트 각도가 작은 드라이버는 힘이 있는 장거리 타자가 사용하는 것인데 반해 보통의 아마추어는 9.5~10.5 정도의 로프트 각 드라이버를 사용하는 것이 일반적이다.

그러나 제품 카타로그나 클럽 힐 뒤 등에 표시되어 있는 로프트 각은 '표시 로프트 각'이라고 불리는 것으로 실제의 로프트 각보다 작게 표시되어 있는 경우가 대단히 많다.

물론 로프트 각은 제조단계에서 +−1도 정도의 오차가 있을 수 있으나 실제 로프트보다 2도 이상 작은 경우에는 제조회사 측의 고의가 있음에 틀림이 없다.

그런 '부당표시'를 하는 이유로는 표시 로프트가 11도 이상의 드라이버는 팔리지 않는다는 것이 골프업계의 상식이기 때문이다.

헤드스피드가 40m/s인 평균적인 골퍼의 경우 가장 비거리(캐리)가 나는 것은 로프트 13도의 드라이버라고 알려져 있다. 그러나 제조회사가 고지식하게 '로프트 13도'라고 표시한다면 진짜 좋은 드라이버를 개발했더라도 아무도 눈길조차 주지 않게 된다. 그래서 제조회사는 어쩔 수없이 로프트 각을 속여 '9.5도'라고 표시를 해서 판매하고 있는 실정이다.

아마추어골퍼의 머릿속에는 '로프트 각이 작은 드라이버=상급자용' '로프트 각이 큰 드라이버=파워가 없는 골퍼용'이란 공식이 굳어져 있다. 13도씩이나 표시된 드라이버는 창피하고 마음이 편하지가 않다.

그러나 중요한 것은 그 클럽이 자신에게 맞는지 아닌지이다. 헛된 욕심에 사로잡혀 오버 스펙의 클럽을 사용하면 겉보기에는 상급자인 체할 수 있을지 모르나 볼은 멀리 높이 날지 않고 휘어져 버릴 수밖에 없어 더 부끄러움을 당하는 일도 일어날 수 있다.

이 로프트 각에 대한 집착이랄까 편견은 뒤에서 설명하겠지만 '샤프트 S'의 신화와 함께 골프 특유의 헛된 과시욕이라고 해도 틀린 말이 아니다.

**자신에게 딱 맞는 로프트 각의 드라이버는**

그래서 지금부터는 '리얼 로프트'로 이야기를 진행하고자 하는데 드라이버로 최대한의 비거리를 내기 위해서는 자신의 스윙이나 헤드스피드에 맞는 리얼 로프트의 드라이버를 고르는 것이 중요함은 말할 필요도 없다.

스윙의 타입으로 보면, 레벨 블로우로 볼을 맞추는 타입은 조금 큰 듯한 로프트를, 어퍼 블로우 성향으로 볼을 맞추는 타입은 조금 작은 듯한 리얼 로프트를 선호하고 있다. 로프트에 의해 볼이 적당히 높이 뜨고 그것에 의해 그 골퍼의 최대 비거리가 나오게 된다.

이것을 헤드스피드의 차이로 보면 어떻게 될 것인가?

다음 페이지의 표는 드라이버의 리얼 로프트와 그 드라이버를 2.5도의 어퍼 블로우로 쳤을 때 아마추어골퍼의 헤드스피드 각각의 평균 비거리(캐리)이다('골프클럽 수치.com'의 자료에서).

이 데이터에서 흥미 깊은 것은 헤드스피드가 느린 골퍼일수록 리얼 로프트의 차이가 단적으로 나타난다는 사실이다. 헤드스피드 49m/s의 골퍼는 리얼 로프트 7도와 9도에서 비거리가 3야드 밖에 차이가 나지 않으나 헤드스피드 40m/s의 골퍼는 리얼 로프트 9도와 13도에서 7야드, 36m/s의 골퍼는 리얼 로프트 9도와 13도에서 11야드나 차이가 난다.

자신의 헤드스피드에 맞는 리얼 로프트보다 작은 리얼 로프트의 드라이버를 사용하면 볼이 뜨지 않고 비거리가 나지 않는다. 그래서 무리하게 볼을 띄우려고 하여 스윙이 이상해지는 골퍼가 많다. 드라

▶ 헤드스피드 별로 본 드라이버 로프트 각과 비거리의 관계

| 헤드스피드 | 드라이버의 로프트 각 | 비거리(캐리) |
|---|---|---|
| 27 m/s | 11도 | 106야드 |
| | 15도 | 117야드 |
| | 19도 | 122야드 |
| 31 m/s | 11도 | 145야드 |
| | 15도 | 154야드 |
| | 19도 | 156야드 |
| 36 m/s | 9도 | 174야드 |
| | 11도 | 181야드 |
| | 13도 | 185야드 |
| 40 m/s | 9도 | 206야드 |
| | 11도 | 211야드 |
| | 13도 | 213야드 |
| 45 m/s | 8도 | 231야드 |
| | 9도 | 234야드 |
| | 10도 | 236야드 |
| 49 m/s | 7도 | 254야드 |
| | 8도 | 256야드 |
| | 9도 | 257야드 |

'골프클럽 수치.com'에서

이버로 볼을 띄우려고 하면 페이스가 열려 슬라이스도 나기 쉽다. 반대로 자신의 헤드스피드에 맞는 것보다 큰 리얼 로프트의 드라이버를 사용하면 볼이 너무 높이 떠올라 비거리를 손해보는 경우가 많다.

그러므로 '거리가 나지 않는 슬라이서'도 '너무 높이 띄우는 골퍼'도 한번 자신의 클럽의 리얼 로프트를 체크해 볼 것을 권장한다.

# 키가 큰 사람과 작은 사람,
# 같은 길이의 아이언으로 괜찮은가

〈 부자연스러운 적정 〉

골퍼 중에는 키가 160cm 정도의 작은 사람이 있는가 하면 180cm를 넘는 장신도 있다.

그렇지만 골프클럽의 길이는 드라이버를 예외로 하면 대개 같다. 시판되고 있는 아이언 중 5I이라면 38인치 전후의 것이 압도적으로 많다.

당신은 이런 사실을 이상하다고 생각한 적이 없는가? 키가 작은 사람과 큰 사람은 양손을 축 떨어뜨렸을 때의 높이(거의 그립의 위치와 같다)가 10cm 이상 차이가 난다. 그럼에도 대부분의 골퍼가 같은 길이의 클럽을 사용한다는 것은 이상하지 않은가. 실제 주니어용 클럽은 샤프트가 짧게 되어 있는데도 성인용은 다 똑같으니 분명히 잘못된 것이다.

▶ **신장에 따른 클럽의 길이는**

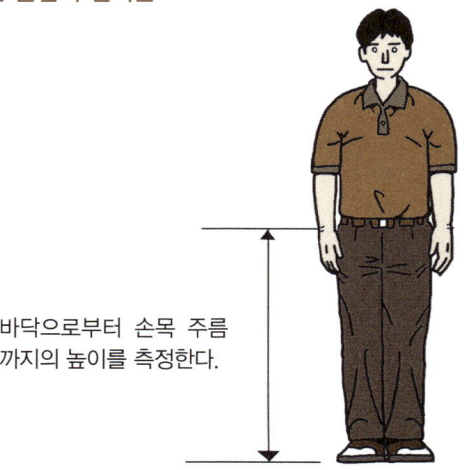

바닥으로부터 손목 주름까지의 높이를 측정한다.

실은 체격에 맞는 골프클럽의 적정한 길이란 것이 있는데 그것은 아래와 같이 구할 수 있다.

힘을 빼고 똑바로 서서 양손을 내린다. 그리고 바닥으로부터 편 팔의 손목 주름까지의 높이를 측정한다(골프슈즈를 착용했을 때의 높이).

이 수치에 해당되는 골프클럽의 길이(5I)는 아래와 같다('골프클럽수치.com'의 자료에서)

- 75~80cm ········ 37인치
- 80~85cm ········ 37.5인치
- 85~90cm ········ 38인치
- 90~95cm ········ 38.5인치

• 95~100cm ········ 39인치

프로골퍼는 자신의 신장에 맞게 샤프트의 길이를 조정하는 경우가 많이 있다. 다만 신장은 165cm 전후부터 195cm 전후까지(남성의 경우) 상당한 차이가 있음에도 불구하고 좀 긴 샤프트를 쓰는 장신 골퍼는 38.6인치, 조금 짧은 샤프트를 쓰고 있는 키가 작은 골퍼의 5I이 37.7인치 정도로 그 차는 1인치 이하이다.

신장 차를 고려한다면 클럽의 길이는 좀 더 차이가 나야 좋을 듯한데 왜 1인치 이하일까? 그것은 신장에 비례해서 클럽을 길게 하면 헤드를 가볍게 하지 않는 한 클럽을 휘두를 수 없기 때문이다. 헤드가 지나치게 가벼운 아이언은 아이언으로서의 역할을 다 할 수 없다.

그렇기 때문에 대부분의 아마추어골퍼들은 키 차가 20cm가 되어도 같은 길이의 클럽을 사용할 수밖에 없다.

키 작은 골퍼와 장신의 골퍼가 같은 길이의 클럽을 사용하면 당연히 셋업 시 볼의 위치나 자세가 달라지게 된다. 그래서 그때 큰 의미를 갖게 되는 것이 다음 장에서 얘기할 '라이 각'이다.

# 라이 각이 맞지 않으면
# 어드레스가 잘못된다

〈 당신은 괜찮은가 〉

### 신장에 따라 변하는 최적의 라이 각

'라이 각'이란 골프클럽의 솔(우드의 경우)이나 스코어라인(아이언의 경우)이 수평이 되도록 놓았을 때 수평면과 샤프트의 중심선이 만드는 각도이다.

간단히 말하면 샤프트의 기운 정도를 표시하는 수치인데 큰 라이 각을 업라이트, 작은 것을 플랫하다고 한다.

현재 시판되고 있는 골프클럽의 평균적인 라이 각은 5I이 61도 전후, 드라이버가 60도 전후이다.

그런데 이 라이 각은 우드보다 아이언의 경우가 큰 영향을 받는다. 왜냐하면 우드는 솔이 둥글기 때문에 임팩트 시 라이 각이 조금 달라도 거리나 방향성에 거의 영향을 주지 않기 때문이다. 또 우드는 아이언보다 로프트 각이 작기 때문에 라이 각이 조금 달라도 페이스의 방향이 크게 벗어나지 않는다.

그런데 아이언은 그렇지 못하다. 아이언은 올바른 라이 각으로 임팩트할 때에 비로소 거리와 방향성이 맞게끔 만들어져 있다. 바른 라이 각으로 임팩트한 순간의 사진을 촬영해 보면 같은 라이 각의 클럽을 사용하고 있는 골퍼라면 전부 그때의 클럽의 기운 상태가 같은 것을 알 수 있다.

예를 들어 신장 160cm의 골퍼(A씨)와 190cm의 골퍼(B씨)가 같은 라이 각, 같은 샤프트 길이의 아이언을 사용했다면 그때의 임팩트 순간을 그림으로 본다면 다음 페이지의 ①과 같다. 신장이 작은 A씨의 전경각도가 작고 볼과의 거리도 가까운데 반해 신장이 큰 B씨의 전경각도는 크고 또 팔이 긴 만큼 볼과의 거리가 먼 것을 알 수 있다.

▶ **골프클럽의 라이 각이란**

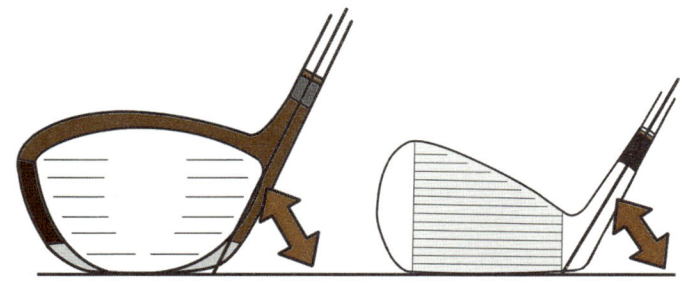

라이 각이란 간단하게 말하면 '샤프트'의 기울기 상태.
아이언의 라이 각이 적정하지 않으면 거리나 방향성에 영향을 준다.

▶ 적정한 라이 각이 아닐 경우가 원인으로 일어나는 폐해

임팩트

라이 각이 맞지 않으면 미스샷이 나오기 쉬울 뿐만 아니라 이상한 스윙이 몸에 배게 하여 영원히 미스샷을 반복하게 한다.

어드레스

어드레스 시 그립의 위치도 너무 낮아진다. 좀 더 업라이트한 각으로 바꿀 것.

라이 각이 너무 크면 그립의 위치가 높아져 부자연스런 핸드업이 된다.

이 차이는 임팩트뿐만이 아니고 앞페이지 그림 ②와 같이 셋업의 시점에서 이미 발생하고 있는 것을 볼 수 있다.

**라이 각에 맞는 셋업과 스윙이란**

그런데 문제는 모든 골퍼가 자신이 사용하고 있는 클럽의 라이 각에 맞는 셋업이나 스윙이 가능한가 어떤가 하는 점이다.

하나 더, 앞페이지 그림 ②를 보면 B씨의 셋업 자세는 한 눈으로 봐도 어드레스의 각도가 지나치게 크고 그립의 위치도 지나치게 낮은 것을 알 수 있다. 결국 B씨에게 있어 이 클럽은 라이 각이 너무 작다는 얘기이다. 좀 더 업라이트한 라이 각의 클럽으로 바꿔야 한다.

반대로 키가 작은 A씨가 라이 각이 너무 큰 클럽을 사용하면 어떻게 될 것인가? 그때의 셋업의 자세를 그린 것이 앞페이지 그림 ③이다. 클럽의 라이 각에 따라 A씨에게는 그립의 위치가 높아지게 되어 부자연스럽게 핸드업할 수밖에 없게 되어 있다. 볼과의 거리가 너무 가까운 것도 미스샷의 원인이 되기 때문이다.

그러므로 자연스런 어드레스를 하기 위해서는 아이언의 라이 각이 적정하지 않으면 안 되는 것을 알 수 있다.

물론 라이 각이 맞지 않는 클럽이더라도 장기간 사용하게 되면 클럽에 맞춘 스윙이 가능하게 되는 경우도 있다. 그러나 자신에게 맞지 않는 클럽은 몸의 부자연스런 움직임을 강요하기 때문에 스윙을 고정시키는데 시간이 걸리기도 하고 모양 또한 좋지 않다.

혹은 클럽에 맞추기가 불가능해 영원히 미스샷을 반복하게 된다. 이것은 또 다른 비극이라고밖에 말할 수 없다.

# 라이 각이 맞지 않으면
# 똑바로 날아가지 않는 이유

〈 핀에 붙지 않는 혼란 〉

왜 라이 각이 맞지 않는 아이언은 미스샷이 나오기 쉬울까?

다음 페이지 그림을 보면 같은 클럽인데 라이 각을 달리할 때의 볼이 날아가는 방향을 표시하고 있다. 어느 것이나 리딩 엣지는 타깃 방향에 바르게 향해 있는데도 그 방향으로 볼이 날고 있는 것은 다음 페이지 A의 ②번 그림뿐이다.

다음 페이지 A의 ①번 그림은 라이 각이 플랫하게 되어 있어 솔의 힐 쪽이 들리게 된다. 그래서 리딩 엣지의 방향이 바르게 되었어도 페이스가 타깃 방향보다 우측을 향하게 되어 당연히 볼은 우측으로 날아간다.

다음 페이지 A의 ③번 그림은 라이 각이 업라이트하게 되어 있어 솔의 토우 쪽이 들리게 되어 페이스가 타깃보다 좌측을 향하게 되고 볼은 좌측으로 날아가게 된다.

라이 각이 맞지 않아 방향성이 나빠지는 현상은 웨지나 숏 아이언 등 로프트가 큰 클럽일수록 커진다. 이런 클럽은 핀을 노리는 클럽이

▶ 왜 똑바로 날아가지 못하는 것인가

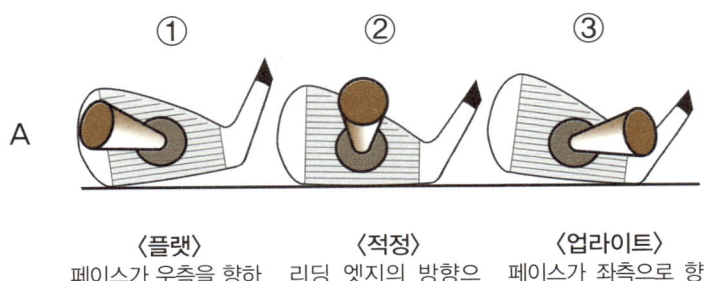

①  〈플랫〉 페이스가 우측을 향하기 때문에 볼은 우측
② 〈적정〉 리딩 엣지의 방향으로 똑바로 날아간다.
③ 〈업라이트〉 페이스가 좌측으로 향하기 때문에 볼은 좌측

▶ 클럽의 중심에 맞지 않게 된다

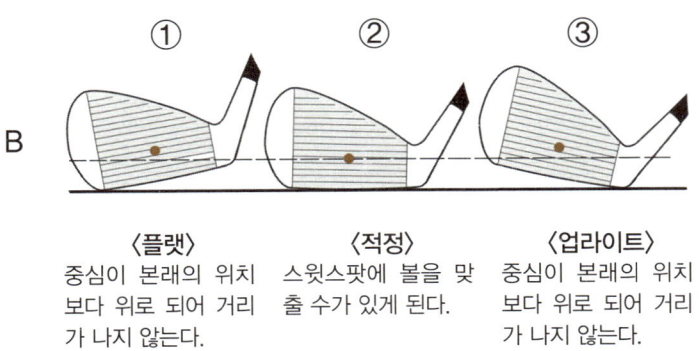

① 〈플랫〉 중심이 본래의 위치보다 위로 되어 거리가 나지 않는다.
② 〈적정〉 스윗스팟에 볼을 맞출 수가 있게 된다.
③ 〈업라이트〉 중심이 본래의 위치보다 위로 되어 거리가 나지 않는다.

므로 클럽의 라이 각이 골퍼에게 맞지 않으면 샷이 핀에 붙지 않는 것이 당연하다.

또 하나 라이 각이 어긋난 상태에서 임팩트를 하면 클럽의 중심(스윗스팟)에 볼을 맞히기가 어렵게 된다. 앞 페이지의 그림 B는 라이 각이 어긋난 상태에서 아이언의 중심위치를 표시한 것인데, ①과 ③은 중심의 위치가 본래의 위치보다 위에 와 있는 것을 알 수 있다. 이것은 이미 중심으로 치는 것이 어려워졌다는 의미이다. 중심을 벗어나면 비거리가 떨어지는 것이 당연하며 라이 각이 맞지 않는 아이언은 방향성이 나쁠 뿐 아니라 비거리도 나지 않는 법이다.

## 라이 각의 셀프체크법과
## 조정 방법

〈 샷이 달라진다 〉

    아이언의 라이 각이 자신에게 맞는지 맞지 않는지를 체크하기 위해서는 먼저 아이언의 솔 부분을 살펴보기 바란다.
    오랫동안 사용한 아이언이라면 솔 부분에 상처가 있다든지 닳아 없어졌다든지 하는데 솔 전체에 상처가 있거나 닳아져 있으면 당신에게 맞는 아이언이라고 생각해도 좋다.
    그러나 만약 상처의 장소나 닳아진 모양이 힐에 집중되어 있으면 그 아이언은 너무 업라이트할 가능성이 크다. 라이 각이 너무 업라이트한 아이언을 사용하고 있으면 아이언의 헤드가 지면에 접지할 때 토우 쪽이 들리게 되기 때문이다.
    반대로 상처 등이 토우 쪽에 편중되어 있으면 힐 쪽이 들려 있다는 증거로 이것은 너무 플랫할 가능성이 크다는 말이 된다.

상처가 나 있지 않는 신품의 아이언이라면 솔 부분에 종이 테이프를 붙이든가 매직펜으로 색을 칠하든가 해서 몇 번이고 연습장에서 쳐보면 같은 방식의 체크가 가능하다(라이 각 체크 전용 씰도 시판되고 있다).

만약 힐 쪽이 많이 닳아져 있다면 그 아이언의 라이 각은 당신에게는 너무 업라이트하고 토우 쪽이 많이 닳아져 있다면 너무 플랫한 것이 된다.

이러한 라이 각의 체크는 모든 아이언에 대해 실시해야 한다. 아이언은 어느 메이커도 클럽 번수가 올라가는 것에 따라 0.5도씩 라이 각이 커지게끔 설계되어 있지만 이것도 로프트 각과 마찬가지로 설계

▶ 솔 부분을 한 번 보자

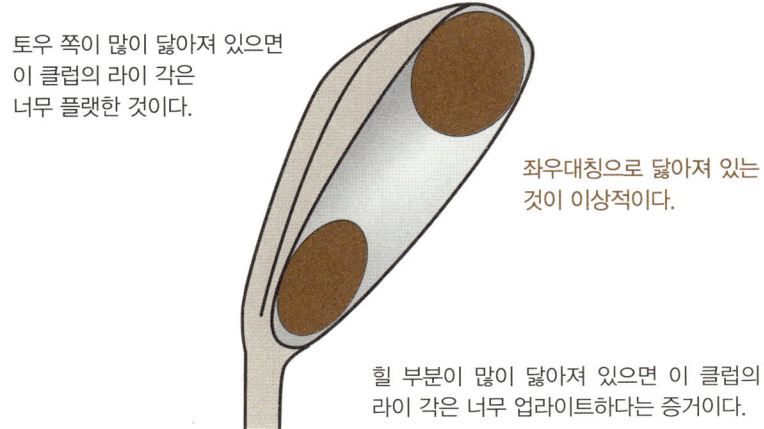

토우 쪽이 많이 닳아져 있으면 이 클럽의 라이 각은 너무 플랫한 것이다.

좌우대칭으로 닳아져 있는 것이 이상적이다.

힐 부분이 많이 닳아져 있으면 이 클럽의 라이 각은 너무 업라이트하다는 증거이다.

단계에서 + − 1도 정도의 공차가 있다고 알려져 있다.

그러면 아이언의 라이 각이 맞지 않다는 것을 알았다면 어떻게 하면 좋을까?

당신이 쓰고 있는 아이언의 헤드가 단조제품인 연철(forged)이라면 골프 숍이나 골프 공방에 가지고 가서 간단히 라이 각을 조정할 수 있다.

그러나 만약 아이언의 소재가 스텐레스 스틸이나 마레이징 동, 크롬칠리드 동이라면 이런 금속들은 견고하기 때문에 유감이지만 라이 각을 조정하는 것이 불가능하다(드물게 1도 정도라면 라이 각을 조정할 수 있는 경우도 있다. 전문가와 상담해 보기 바란다).

프로나 상급자의 아이언은 압도적으로 연철일 경우가 많은데 이것은 타격감이 좋을 뿐 아니라 라이 각 조정이 쉽기 때문이기도 하다.

# 샤프트의 무게는 어떤 것을 고를 것인가

⟨ 중량과 진동수의 중요성 ⟩

**어느 정도의 무게가 베스트인가**

지금은 자신에게 적합한 샤프트를 장착하는 것이 당연시되어 있다. 여기서는 주로 드라이버의 샤프트 선택에 관해 설명하겠다.

샤프트를 고를 때의 포인트는 이 장의 첫 부분에서 기술한 대로 '무게'이다. '휘두르기 쉬운 정도'는 우선 중량에 의해 결정되기 때문이다.

드라이버의 경우 헤드의 무게는 190~205g, 그립은 45~55g 사이에서 90%의 클럽이 결정되어 버리지만 샤프트는 다르다. 남성용 샤프트만 해도 50g 대의 경량 샤프트부터 프로나 장타자가 사용하는 80g을 초과하는 것까지 30g 이상의 폭이 있다.

그럼 당신에겐 어느 정도 무게의 샤프트가 베스트인가?

이것도 이 장의 첫 부분에 기술했던 대로 최적 무게의 아이언이 결정되면 최적의 드라이버 무게가 결정되기 때문에 그것에 맞는 무게의 샤프트로 하면 된다. 예를 들면 순정 샤프트를 장착한 드라이버의 총중량이 310g이더라도 아이언의 무게와 비교해 320g의 드라이버가 맞는다고 하면 순정 샤프트보다 10g 무거운 샤프트로 교환하는 것이 좋다.

### 샤프트의 경도는 표시로는 알 수가 없다

조정하고 싶은 샤프트의 무게가 결정되면 이어지는 선택의 포인트는 경도이다. 경도라 하면 샤프트에 표시된 'R, SR, S, X' 등의 플렉스를 떠올리는 사람도 많이 있으나 이 표시는 그다지 신뢰하지 않는 편이 좋다. 다만 같은 제조사의 같은 샤프트라면 "R은 S보다 유연하고 X는 S보다 딱딱하다"고 말할 수 있다.

그러나 제조사가 다른 경우는 물론 제조사가 같아도 종류가 다른 샤프트라면 앞의 공식이 적합하다고 할 수 없다. 예를 들어 '근육형 골퍼용의 R 샤프트'가 '에버리지 골퍼용의 S 샤프트'보다 딱딱한 경우가 흔하고, 같은 R인데 일본산 샤프트보다 미국산 샤프트가 대개 딱딱하다.

즉 제조사 측이 결정한 R이나 S라는 플렉스는 보편적인 기준이 없어 같은 R이나 S라도 그 경도는 제조사나 샤프트의 종류에 따라 다르다는 사실이다.

그러면 어떻게 하면 샤프트의 진짜 경도를 알 수 있을까?

하나의 답이 '진동수'에 있다. 이것은 샤프트의 손잡이 쪽을 고정하고 반대편 끝에 추를 붙인 후 샤프트를 진동시켜 1분간에 몇 회 진동하는가를 측정한 것이다. 진동수가 많을수록 샤프트가 딱딱하다. 골프 숍이나 골프 공방에는 샤프트마다의 진동수를 계측, 표시한 곳이 있기 때문에 알고 계신 독자도 있을 터이다.

왜 '진동수'에 의해 샤프트의 경도를 알 수 있을까. 그것은 실제의 스윙에서 샤프트가 어떻게 움직이는가를 알면 이해할 수가 있다.

골프의 스윙 중 샤프트는 다음 페이지 그림 ①과 같이 다운스윙 직전 '휘어져' 다운스윙 중간 부근에서 '원상태로 다시 휘어'지기 시작한다. 그리고 클럽이 릴리스된 임팩트 직전에서는 헤드가 가속되어 다음 페이지 그림 ②와 같이 다운스윙 직전에 휘었던 방향과는 '역방향으로 휘어진다.'

샤프트의 진동수는 이 '휜다' → '원상태로 다시 휜다' → '역방향으로 휜다'고 하는 샤프트의 움직임(템포)을 수치화한 것이라고 생각하면 좋다.

즉 진동수가 많은 샤프트는 샤프트의 '원상태로 다시 휘는' 템포가 빠르다는 것인데 스윙 템포가 빠른 골퍼(헤드스피드가 빠른 골퍼)에게 적당하며 진동수가 작은 샤프트는 스윙 템포가 느린 골퍼(헤드스피드가 느린 골퍼)에게 적당하다.

당신이 남성으로 꽤 거리가 난다면 진동수가 작은 샤프트를 장착한 여성용의 드라이버를 사용했을 때 샤프트는 문자 그대로 회초리처럼 휘어져 헤드의 움직임을 컨트롤할 수 없게 된다. 이것은 당신의 스윙 템포가 샤프트의 상태에 비해 지나치게 빠르기 때문이며 임팩트의

▶ **스윙 중 샤프트의 움직임**

① 다운스윙 직전의 '휘어짐'

② 임팩트 직전에 '역방향으로 휘어짐'

타이밍을 맞추기가 꽤 어려울 수 있다. 그러므로 자신에게 맞는 진동수의 샤프트는 스윙 템포를 기준으로 하는 것이 제일이다. 보통 스윙 템포는 헤드스피드에 비례하기 때문에 그것을 판단기준으로 하는 것도 좋다.

다만 샤프트의 진동수는 샤프트의 길이와 헤드의 형상에 의해 달라질 수 있다. 샤프트가 길면 진동수가 작아져 딱딱하게 느껴지고 헤드의 넥이나 호젤(샤프트를 꽂는 구멍)이 짧은(얕은) 것일수록 역시 진동수가 작아져 딱딱하게 느껴진다.

친구의 드라이버를 빌려 쳐 보니 대단히 감이 좋아 같은 샤프트로 바꾸었으나 막상 쳐 보니 전혀 감촉이 다르다—이런 얘기를 자주 듣는 것은 친구 드라이버와 당신 드라이버의 상태가 다르기 때문이다.

그러므로 샤프트를 교체했다 해도 역시 완성품을 시타해 보지 않으면 계획했던 클럽이 되었는지 알 수가 없다. 좀 더 구체적으로 얘기를 하면 샤프트를 헤드에 삽입할 때의 각도나 끄트머리(칩) 부분의 미세한 가공 방법 하나로도 스윙했을 때의 감이 다르게 느껴지므로 전문가의 기량에 따라 많은 차이가 난다.

샤프트를 바꾸려면 기술이 뛰어나고 요구사항을 가능한 한 들어줄 숍이나 장인에게 주문할 것을 권장한다.

# 샤프트의 '킥 포인트'를
# 어떻게 활용할 것인가

〈 3종류의 킥 포인트 〉

샤프트의 성능을 나타내는 3번째의 키워드는 '킥 포인트', 일본말로 '죠우시'이다. 킥 포인트란 간단히 말하면 '샤프트의 어느 부분이 더 휘어지기 쉬운가'를 나타내는 것으로 보통 다음의 3종류가 있다.

- 로우 킥 포인트(선죠우시) ……… 샤프트의 끝부분(치프)이 잘 휘어짐
- 미들 킥 포인트(중죠우시) ……… 샤프트의 중앙이 잘 휘어짐
- 하이 킥 포인트(원죠우시) ……… 샤프트의 손잡이 부분이 잘 휘어짐

'킥 포인트(죠우시)'에 관해서 자주 오해하는 것이 '미들 킥 포인트(중죠우시)'는 샤프트의 한가운데가 가장 부드럽다고 생각하는 점

이다.

그러나 어떤 상태의 샤프트라도 가느다란 끄트머리 부분이 더 부드럽고 두꺼운 손잡이 부분으로 이동할수록 딱딱해지게 된다. 즉 '로우 킥 포인트(선쥬우시)'의 샤프트의 끝부분이 유연하다(쉽게 휘어진다)는 것은 어디까지나 상대적인 이야기이다.

그러면 이 3종류의 샤프트에는 어떤 특징이 있는 것일까.

### 로우 킥 포인트(선쥬우시)

본디부터 유연한 끝부분이 부드럽기 때문에 임팩트 직전의 '다시 원상태로 휘어짐'의 템포가 빠르다. '헤드가 달린다'고도 한다.

볼을 잡고 치기가 쉽기 때문에 왼쪽으로 볼이 잘 가는 골퍼에겐 맞지 않다. 다만 임팩트 시 로프트가 커지기 때문에 탄도가 높아진다.

### 미들 킥 포인트(중쥬우시)

샤프트 전체가 균일하게 휘어지는 감이 든다. 어떤 의미에서는 제일 무난한 샤프트로 최근 드라이버의 반 이상은 미들 킥 포인트(중쥬우시)의 순정샤프트가 장착되어 있다.

### 하이 킥 포인트(원쥬우시)

손잡이 부분이 부드럽다고 해도 이 부분은 원래부터 딱딱하기 때문에 결과적으로 3종류 중에는 가장 휘어짐을 느낄 수 없는 샤프트이

▶ 샤프트의 3가지 상태

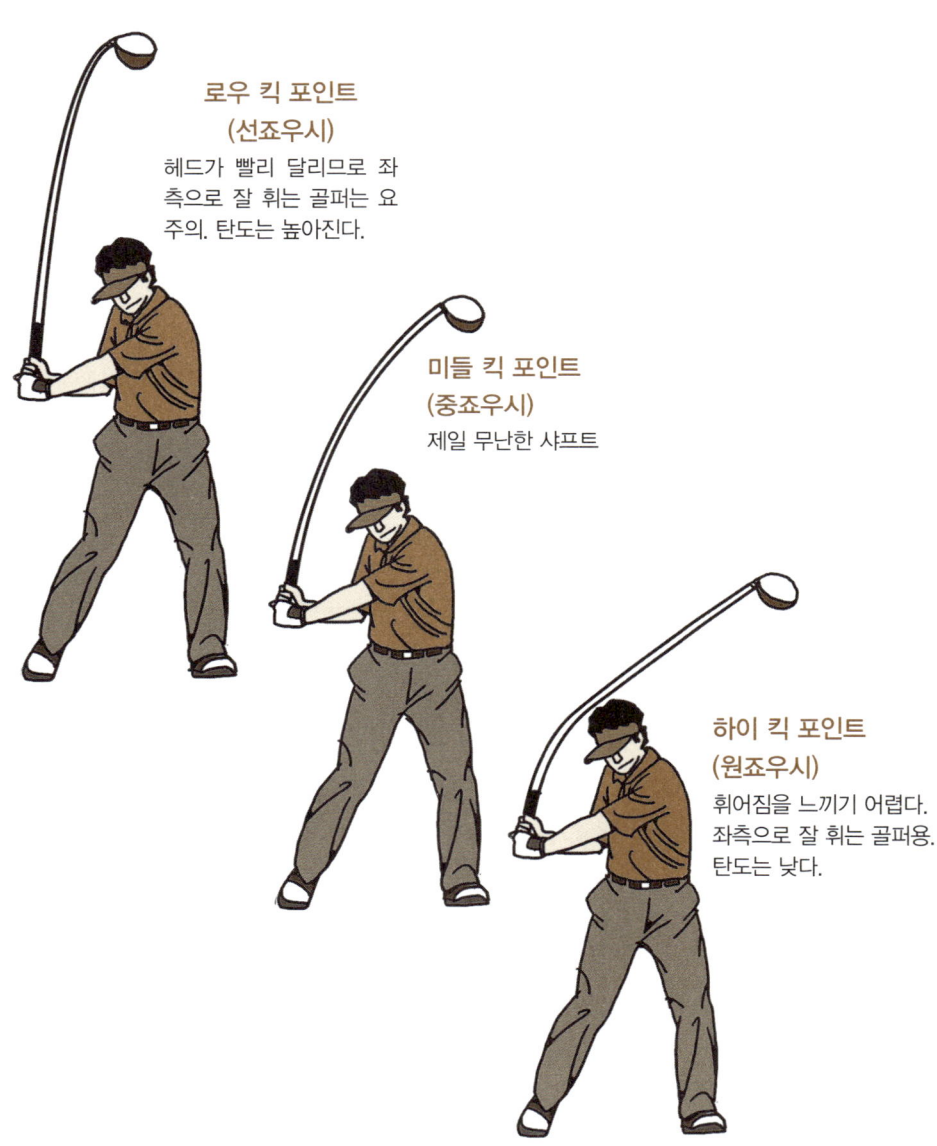

**로우 킥 포인트
(선죠우시)**
헤드가 빨리 달리므로 좌측으로 잘 휘는 골퍼는 요주의. 탄도는 높아진다.

**미들 킥 포인트
(중죠우시)**
제일 무난한 샤프트

**하이 킥 포인트
(원죠우시)**
휘어짐을 느끼기 어렵다. 좌측으로 잘 휘는 골퍼용. 탄도는 낮다.

다. 볼을 지나치게 잡고 치는 일이 없기 때문에 좌측 공포가 있는 골퍼에게 알맞은 샤프트이다. 또 임팩트 시의 로프트 각이 크지 않기 때문에 탄도가 낮아 헤드스피드가 빠른 하드 히터용이다.

# 샤프트 선택 시 '토크'란 무엇인가

〈 경도와 토크의 차이 〉

　골프클럽을 스윙하면 샤프트를 축으로 해서 헤드가 회전한다(뒤틀린다). 이때의 뒤틀림의 강도를 나타내는 것이 '토크'이다.
　'뒤틀림'과 '휘어짐'은 다르다. 샤프트가 휘어져 있을 때에는 샤프트가 일정 방향으로 진동하고 있어 헤드는 어디까지 직선적으로 움직이지만 샤프트가 뒤틀려 있을 때에는 헤드는 회전하고 있는 것이다. 샤프트는 다운스윙 직후부터 다음 페이지 그림과 같이 시계방향으로 뒤틀리는데 그 뒤틀림은 다운스윙 중간 릴리스 직전에 정점에 달한다. 그리고 릴리스 후에는 샤프트의 휘어짐과 보조를 맞춰 가면서 반시계 방향으로 원상태로 다시 뒤틀려 돌아온다. 그래서 페이스 면이 스퀘어로 되돌아왔을 때 임팩트가 일어나면 볼은 똑바로 날아가게 된다.
　얼핏 생각하면 샤프트는 뒤틀리지 않은(토크가 작은) 편이 방향성

▶ 다운스윙 직전부터 릴리스까지의 샤프트의 움직임

다운스윙 직후부터 샤프트는 시계방향으로 뒤틀려 다운스윙 중간 릴리스 직전에 절정이 된다.

릴리스 후에는 샤프트의 휘어짐과 같이 움직여 반시계방향으로 뒤틀려 되돌아가려고 한다.

스윙궤도가 불안정한 사람일수록 토크가 큰 샤프트가 미스를 커버해 준다.

이 안정될 것 같은 기분이지만 그것은 로봇이 스윙했을 경우이며 인간이 스윙을 하면 톱의 위치에서 아무래도 페이스가 열리거나 닫힐 수 있다. 이런 마찰을 흡수해서 위화감 없는 스윙을 가능케 하는 것이 토크의 역할이다.

   토크는 자동차 핸들의 '유격'에 비유된다. 레이싱 카의 핸들은 '유격'이 적기 때문에 핸들의 조그마한 조작도 바로 자동차에 전달된다. 토크가 작은 샤프트가 바로 이것과 동일하다. '유격'이 적기 때문에 샤프트가 골퍼의 미스를 커버하기 어렵다. 그러나 토크가 큰 샤프트는 보통의 자동차 핸들과 같이 '유격'이 있기 때문에 미스를 커버해 준다.

즉 스윙의 궤도가 불안정한 골퍼일수록 토크가 큰 샤프트 쪽이 미스를 줄여 준다. 프로들이 토크가 작은 샤프트를 선호하는 것은 자신의 의사대로 구질을 컨트롤할 수 있기 때문이다.

토크의 대소는 헤드스피드에 의해 결정된다. 헤드스피드가 빠른 골퍼가 토크가 큰 샤프트를 사용하면 임팩트 시 샤프트가 지나치게 뒤틀려 되돌아가 버려 볼은 좌측으로 휘어지기 쉽다. 반대로 헤드스피드가 느린 골퍼가 토크가 작은 샤프트의 클럽을 사용하면 탑에서 샤프트가 그다지 뒤틀리지 않는 대신에 임팩트 시에도 뒤틀려 돌아옴이 적어 볼은 약하게 날아가 우측으로 휘어지기 쉽다.

# 헤드스피드만으로는
# 샤프트를 고를 수 없다

〈 수치화할 수 없는 감 〉

 

샤프트 선택의 포인트에 관해 설명해 왔지만 거의 모든 항목에서 헤드스피드가 그 판단기준이 되는 것을 알 수 있다. 즉,

- 헤드스피드가 느린 골퍼 → 가볍고, 부드럽고 큰 토크의 샤프트
- 헤드스피드가 빠른 골퍼 → 무겁고, 딱딱하며 작은 토크의 샤프트가 적당하다는 것을 말하고 있다.

그러나 이것은 어디까지나 원칙에 지나지 않는다는 점에 주의하기 바란다. 왜냐하면 헤드스피드는 같아도 다운스윙의 어느 단계에서 힘을 모아 어디에서 이 힘을 방출할 것인가, 다른 말로 하면 절묘한 히팅 타이밍 등이 골퍼에 따라 전부 다르기 때문이다.

예를 들면 하드 히터는 다운스윙의 비교적 이른 단계에서 헤드가 톱 스피드에 도달하지만 이른바 부드러운 스윙을 하는 골퍼는 다운스

윙의 초기에는 스피드를 억제했다가 임팩트에서 한꺼번에 헤드를 가속시킨다. 더구나 팔과 손목의 사용방법도 골퍼마다 미묘하게 다르다.

▶ **샤프트 선택의 원칙**

1. 휘두를 수 있는 범위에서 무거운 샤프트로

2. 자신의 스윙에 '휘어지는 감'이 맞는 것(스윙 시 기분이 좋은)

3. 플렉스에 너무 의미를 두지 말고

4. 탑에서 샤프트가 휘어지는 사람은 로우 킥 포인트(선죠우시)의 샤프트

5. 탑에서 샤프트가 휘어지지 않고 팔과 클럽을 하나로 해서 휘두르는 사람은 하이 킥 포인트(원죠우시)의 샤프트

6. 볼이 휘지 않게 하려는 사람은 낮은 토크, 볼을 잡고 쳐서 멀리 보내고 싶은 사람은 높은 토크의 샤프트를 선택해야 한다.

결국 어떤 골퍼에게 딱 맞는 샤프트를 고르기 위해서는 수치화가 안 되는 요소도 가미하지 않으면 안 되며 그 프로세스는 어떤 헤드와 조합을 해 볼 것인가 하는 선택사항(지극히 중요)도 있어 굉장히 복잡하다.

그러므로 결국 샤프트 선택은 직접 쳐 보고 결과로서 나온 데이터(비거리나 백스핀양, 볼의 높이 등)를 계속해서 체크, 최종적으로는 골퍼 자신의 '감'에 의해 결정할 수밖에 없다.

어쩌면 무책임한 이야기인지도 모르나, 지금까지 설명한 것은 샤프트 선택의 기본 중 기본이므로 샤프트를 교체하려고 하는 사람이 알아 두면 이보다 더 좋은 기준이 없다. 그 다음은 당신의 '감'에 맡길 뿐이다.

# '관성 모멘트'는 무엇인가

〈 진화된 도구의 취급법 〉

'관성 모멘트'라 하면 중학교의 이과시간에 배운 '관성의 법칙'을 생각해내는 사람도 있을지도 모르겠다.

이 법칙은 '멈춰 있는 것은 외부에서 힘을 가하지 않는 한 멈춰 있는다. 그러나 외부에서 힘을 가해 한 번 움직이기 시작하면 언제까지나 계속해서 움직인다'는 것이다. '관성 모멘트'란 관성의 움직임 강도를 나타내는 수치라고 생각하면 맞다.

예를 들면 전부 나무로만 만들어진 팽이와 나무 주변에 철제의 링이 붙어 있는 팽이가 있다고 하자. 나무로만 만들어진 팽이는 가벼워서 돌리는 것이 쉬우나 금방 멈춰 버리고 만다. 한편 철제 링이 장착된 팽이는 무거운 만큼 돌리는 데 힘이 들어도 한 번 돌기 시작하면 오랫동안 돌아간다. 이 경우 철제 링이 장착된 팽이가 관성 모멘트가 크다고 말할 수 있다.

이것을 골프클럽의 드라이버에 적용시켜 보면 다음과 같이 말할 수 있다.

드라이버 헤드는 임팩트 시 중심을 밖으로 회전시켜 볼에 사이드 스핀을 걸기도 하고 거리를 단축케 하기도 한다. 이런 현상을 수십년 전의 퍼시몬(감나무) 헤드와 지금의 티탄 메탈 헤드에 비교해 보면 어떻게 될까.

퍼시몬 헤드는 전부가 나무로 만들어진 팽이이고 메탈 헤드는 철제의 링이 장착된 팽이와 같은 것이 된다. 메탈 헤드는 퍼시몬 헤드보다 관성 모멘트가 크기 때문에 미스 히트되었어도 헤드가 회전하기 어렵다. 그렇기 때문에 볼이 잘 휘어지지 않으며 거리의 손실도 줄어

▶ **관성 모멘트가 큰 클럽의 장점과 단점**

관성 모멘트가 큰 드라이버

장점 헤드가 크고 스윗스팟이 넓어 미스 시에도 휘어지지 않는다.
단점 페이스를 의도적으로 열고 닫는 등의 조작성이 나쁘다.

관성 모멘트가 큰 퍼터

장점  궤도가 안정되어 있다. 중심에 맞지 않아도 거리나 방향의 벗어남이 작다.
단점  섬세한 터치를 내기 어렵다.

들기 마련이다.

또한 회전하고 있는 물체는 중량이 무거울수록 그리고 같은 중량의 경우 주변에 중량이 배분되어 있는 정도에 의해 관성 모멘트가 커진다. 그렇기 때문에 지금의 드라이버 헤드는 속이 비어 있고 헤드 주변에 중량을 배분시킨 티탄 헤드로 되어 있다.

치는 방법도 퍼시몬 헤드 시절과는 달리 손목을 의도적으로 돌리지 않는 타법, 헤드를 조작하려고 하지 않는 타법이 좋다.

퍼터의 경우에 관성 모멘트가 큰 것은 헤드가 크고 정사각형에 가까운 형태로 헤드 주변에 중량을 잘 배분시킨 것이 많이 있다.

이것 또한 퍼터를 미스했어도(중심으로 치지 못했어도) 페이스의 방향이 변하지 않게 하려는 의도이다.

| 옮긴이 후기 |

20여 년 전 강원도 원주에서 근무할 기회가 있었다. 당시 막 불기 시작한 스키 붐에 원주 근처의 스키장을 가족들과 함께 두 시즌을 별 교습도 받지 않고 타러 다닌 결과 2년째 시즌부터는 온 가족이 최상위 코스에서 스키를 즐길 수 있게 되었다. 스키는 엄청난 스피드로 활강하는 짧은 시간에 몸의 균형을 유지해주기 위해 왼발, 오른발로 몸의 중심을 옮겨 주어야 하는 꽤나 운동신경이 필요한 스포츠이다. 그 당시 난 내가 운동신경이 뛰어난 줄 알았다. 대한민국 최고 난이도의 활강 코스를 독학으로 마스터했으니 말이다.

때마침 주위의 권유로 골프 연습을 시작하게 된 나는 운동신경과 젊은 체력을 믿고 혼자 연습을 좀 하다가 필드에 나가게 되었다. 서울로 근무지를 옮기고 바쁜 일정으로 주말에 필드에 나가는 그런 골퍼가 된 지가 벌써 20여 년이 되었으나 나의 골프 실력은 90을 전후로 왔다 갔다 하는 그저 그런 골퍼가 되고 말았다.

우연히 접하게 된 이 책을 읽고 이런 과학적 이치를 먼저 이해하고 연습을 하였더라면 진작에 싱글이 되었을 것이고 보다 더 골프의 묘미를 느끼며 즐길 수 있지 않았을까 생각한다.

  아무쪼록 골프를 처음 시작하는 이들이나 나처럼 기초 이해없이 골프를 시작해 헤매고 있는 골퍼들은 이 책을 통하여 자신의 골프 실력을 다지는 계기가 되기를 바란다.